Bibliographic information published by the German National Library:

The German National Library lists this publication in the National Bibliography; detailed bibliographic data are available on the Internet at http://dnb.dnb.de .

Imprint:

Copyright © 2009 GRIN Verlag, Open Publishing GmbH
Print and binding: Books on Demand GmbH, Norderstedt Germany
ISBN: 9783640605231

This book at GRIN:

http://www.grin.com/en/e-book/149569/the-many-faces-of-jay-gatsby

Florian Arleth

The many faces of Jay Gatsby

GRIN Publishing

GRIN - Your knowledge has value

Since its foundation in 1998, GRIN has specialized in publishing academic texts by students, college teachers and other academics as e-book and printed book. The website www.grin.com is an ideal platform for presenting term papers, final papers, scientific essays, dissertations and specialist books.

Visit us on the internet:

http://www.grin.com/

http://www.facebook.com/grincom

http://www.twitter.com/grin_com

Table of Contents

.Appendix

1. Introduction

The translation of a text from one language into another is a science of its own, especially within literary works. The standards a translator has to meet these days are high and it is therefore hard to take as a coincidence that *The Great Gatsby*, Scott Fitzgerald's most famous work, has been translated into German three times up to now.

This remarkable number of translations for a book written not even a century ago might have something to do with the expectations the translator has to satisfy and which tend to be quite exalted when a lot of readers, who are not familiar with the language of the original work, and many publishers, who are aware of the fact that the translated work often sells better than the original, await its translation eagerly.

Once the translation is published, the question of the authenticity, of how much of the author the translated book still contains, is a common problem especially in the critique and the feuilleton but also among a books major recipients, the common readers. Everybody that ever had the chance to have a thorough talk with a foreigner about a literary work known to both sides might have come across the phenomenon that certain aspects of that book were perceived in different ways - maybe the irony of a main character suddenly bordered sarcasm, maybe his felicitous language did not sound eloquent at all or maybe the character's whole appearance was bathed in a slightly different light.

The aim of this term paper is to analyse if there are such differences between two versions of *The Great Gatsby*, furthermore if and to which extent they can influence the perception of a character and finally to analyse how such aberrations can come into existence.

To achieve this, the original work by Fitzgerald is compared to the second translation into German by Walter Schürenberg from 1953 and the third and most recent translation by Bettina Abarbanell from 2006. The two German texts are treated as one corpus to simplify matters and only relevant parts of the narration, those that concern the novel's eponym and his relations to the other characters, are taken into consideration. A complete list of all extracts from the three books can be found in the appendix.

2. A Common Roughneck

Jay Gatsby appears in a very ambiguous light right from the start of the novel. Fitzgerald himself confessed to John Peale Bishop a few months after *The Great Gatsby* had been published: "You are right about Gatsby being blurred and patchy. I never at one time saw him clear myself"[1]. But it is also Fitzgeralds meticulous use of words that makes it nearly impossible for the reader to penetrate the air of ambiguity that surrounds Gatsby.

The translation makes it hard for this ambiguity to sustain and while it ceases it gets more and more apparent that "[b]eneath the elaborate, albeit gaudy, elegance of Gatsby looms Jay Gatz, the original 'roughneck' that Gatsby spends so much energy trying to conceal"[2].

Even though Nick's conception of Gatsby is full of doubts and second thoughts from the beginning to the end, he always remains unsure whether the rumours and stories about his new neighbour's past and true profession hold some truth or not. Right in the beginning when Nick introduces himself and looses the first and probably most important words on Jay Gatsby and his tragic future, the picture of the German Gatsby becomes prestressed. Instead of the expression "all right"[3], which is a valuation with no greater meaning, Nick uses the adjective "untadelig"[4] to describe how his neighbour turned out in the end. This description can be hardly taken as light as the original one for it is a moral, maybe even a legal,

---

[1] F. Scott Fitzgerald, " Letter to John Peale Bishop, 9 Aug. 1925." *The Letters of F. Scott Fitzgerald.* Ed. Andrew Turnbull. (New York: Scribners, 1963) 358.

[2] Richard Lehan. "Inverting Gatsby." *The Great Gatsby: The Limits of Wonder.* (Boston: Twayne, 1990) 59.

[3] F. Scott Fitzgerald, *The Great Gatsby.* (Oxford: Oxford University Press, 1998) 6. This edition is hereafter cited in the text as Fitz.

[4] F. Scott Fitzgerald, *Der große Gatsby.* (Berlin: Lothar Blanvalet Verlag, 1964) 6. This edition is hereafter cited in the text as Schü.

judgement and it furthermore implies that Gatsby must have at least ran danger to become reproachable, must have done something to question his faultlessness.

What this something is can possibly be found in the conversation between Nick and Catherine, Myrtle's sister, in Tom's New York appartment. On hearing that Nick is Gatsby's neighbour, Catherine confesses that she would "hate to have him get anything on me" (Fitz 28). This phrase is a perfect example of the amibiguity in *The Great Gatsby*, because "anything" could be everything from personal information up to monetary debts. The translation once again leaves no room for any ambiguity. "Ich möchte lieber nicht mit ihm aneinandergeraten"[5] makes clear that Myrtle's sister rather fears an actual conflict than any personal involvement with Gatsby and at the same time raises doubts whether her concerns are as unfounded as the relaxed context in which they are said originally implies.

But maybe this something that questions Gatsby's faultlessness can as well be found in the relationship to Daisy, which lacks a lot of its romantic nature. "Sie wissen, daß ich nur Sie liebe" (Schü 124) is a sentence Daisy adresses to Gatsby and that sounds a little bit too formal to say to a person she has kissed a second before and most likely even shared physical intimacy with. The address "Sie" instead of the more appropriate "du" makes the whole relationship between them look rather like a farce, a made-up thing that has nothing left of its origin, of love. It gets even clearer when Daisy makes her confession of never having loved Tom not with "perceptible reluctance" (Fitz 105), a reluctance that is quite understandable given the fact that her husband as well as three other people are present, but with "spürbarem Widerstreben" (Arba 165), as though she does not want to make the confession at all but is rather not free to decide what to say.

And if this scene provides the ground for arguing that the German Gatsby acts quite dominant, then there is more to underline this thesis a few pages earlier. "Why not let her alone, old sport?" (Fitz 101), Gatsby's remark on Tom bothering Daisy, is made in an authoritative, but still polite way, while the German equivalent "Lassen Sie sie, alter Junge" (Schür 134) clearly violates the principles

---

[5] F. Scott Fitzgerald, *Der große Gatsby*. (Zürich: Diogenes, 2006) 47.
  This edition is hereafter cited in the text as Abar.

of policy and is actually a command and not a rhetorical question. This imperative coloring completes the picture of Gatsby as a common roughneck, but it is not the only possible version of him in the German edition.

3. The perfect Son in Law

When recalling the first impression he had of Jay Gatsby, Meyer Wolfshiem describes him to Nick as a "fineappearing, gentlemanly young man" (Fitz 136), a description which clearly indicates that even though Gatsby knew to behave like a gentleman, he nevertheless only appeared to be from a higher social class but actually was not. In German he is described as a "ganz vornehmer, feiner junger Herr" (Abar 212) and while the first attitude can still be carried out by a pretender, the second one entails a classification that, as was shown during the course of the novel, not even money can buy. These differences "call attention to the seam between what he tries to be as a personage and what he is as a personality"[6], what he wants to be and what he actually is. The two terms here refer to Gatsby's new image as an aristocrat and to his old life as a common swindler, but what if they are actually interchanged, what if he is really not quite an aristocrat but at least a dignified person who only pretends to be a swindler?

The one who uttered the important judgement above is no other than Meyer Wolfshiem, a person who not only knows how to influence and to deal with other people but who is also, according to Gatsby himself, "a smart man" (Fitz 58), someone who is capable of committing a crime as big as the manipulation of the World Series without ever getting caught. So either Wolfshiem is not that smart at all, which is contradicted by the fact that he is still not in jail when even people like Tom Buchanan know about his crimes, or Gatsby is simply not the cunning and dubious guy he is said to be.

---

[6] Richard Lehan. "Inventing Gatsby." *The Great Gatsby: The Limits of Wonder.*
   (Boston: Twayne, 1990) 59.

Latter gets more likely because even Nick's sober judgement of him, made on their first meeting, is clearly in Gatsby's favour in the translation. On observing him during their first talk at one of the parties, Nick describes him as an "elegant young rough-neck" (Fitz 40). This implicates once again that even though Gatsby knows how to dress and how to behave he stays a product of his social background, which is working-class, and his self-education, which is to make money by any means. The original "young rough-neck" is turned into a "energischen jungen Mann" (Schü 53) when being judged by the German Nick, which again removes every ambiguity and again raises doubts about the authenticity of Gatsby's dubious past.

In fact the only testimony of his former adventurous lifestyle is he himself, telling a curious reporter just another one of those stories that might contain as many fantastic elements as the one he told Nick in the beginning and that assumedly contains as much truth – which is none. So if Gatsby only made up all that stuff for the sake of creating a more favourable image that allows him to get a foot in the door of organized crime, to make ends meet during the Great Depression after being of no further use as a soldier, then there is no one to prove the opposite. The only people with a factual existence in his past are said Meyer Wolfshiem, Daisy and his father. Latter is maybe the most important witness because he raised Gatsby and knows at least of some aspirations his son had before he ran away from home, namely the Franklinian life improvement that he documented in his copy of *Hopalong Cassidy*. If James Gatz has stayed on the way that Benjamin Franklin paved, then there are very few arguments to contradict this in the original story and even less in the translation.

To give another example: before going to New York in Chapter VII, Daisy says on looking at Gatsby that he "resemble[s] the advertisement of the man" (Fitz 95). She compares his appearance with an advertisement that she saw somewhere and that she wants to specify further but gets cut-off by Tom. Her remark in German, "Sie sehen aus wie eine lebende Reklame für den Mann" (Schü 126), has nothing left of the casualness it had in English. It is no longer just a simple comparison, thrown into the room without a second thought, but another classification and

Gatsby is no longer said to only resemble an advertisement but he IS a living advertisement, in other words: an antetype for a particular sort of man, maybe a man like Franklin was, to judge by Daisy's taste and to lead this thought to its end.

4. Conclusion

Now that an indepth analysis has shown the aberrations between the English and the German text it is time to answer the question if and to which extent they can influence the perception of a character.

It has already been proven that other pictures of the original Jay Gatsby can be created simply from the slight differences between the original and the translated words and the question of the extent to which they can influence the reader can best be answered by the relation in which those parts stand to the entire corpus that was taken into consideration in the course of the work on this termpaper.

As can be seen in the appendix, 123 relevant parts have been compared to their two German translations, which roughly doubles this number, for the two translations rarely used the same words. Out of this first selection only 27 parts were taken into further consideration because one, not both, of their translations bore differences to the original part - differences which most of the time consisted of only a word or two, at the utmost of a phrase, but never of the whole part. Finally, eight of those 27 pairs were used in the analysis in order to draw additional pictures of Gatsby.

The numbers should speak for themselves but additionally there is most likely no pattern behind the differences that exist between the original and the translated version of *The Great Gatsby,* for it would be irrational to assume that the translator gave the respective parts of his translation a different meaning on purpose. Schürenberg and Abarbanell more likely translated the words according to their context, which means that one word in English is translated with different

German words, each one representing the original meaning best. This leads to the inevitable conclusion that even if a reader pays a good deal of attention to each single word of the translation he will not be able to discover any regularity that could influence his perception at all.

That leaves the question of how such aberrations can come into existence, which they definitely have been despite their marginal number.

4.2 Translation as Interpretation

Leonard Forster defines the term translation as "the transference of the content of a text from one language into another"[7]. Even though languages correlate in many ways, it is often impossible even for the most meticulous translator to capture the exact content of the words as written by the original author and if the text to be translated is a literary one, further criteria come into existence.

While most non-fictional translations can be called successful as soon as the informations are conveyed, this would be only one step in a translation of a novel. Because most authors rather focus on how they write and not primarily on what they write, the task their translator has is far more challenging than the one of his colleague from the non-fictional department. He not only has to capture the plot and the basic information about the characters, but also the words' deeper meaning and all the devices an author uses to embellish his work and to have a certain influence on the reader.

The problem that now comes into existence is that "[t]he resources of the language into which the work is to be rendered seldom allow the translator to reproduce this effect of ambiguity or multiple meaning in individual cases."[8]

For instance in the first aberration mentioned from the English text, where Nick uses "untadelig" for "all right", the translator had a wide range of possible words to choose from - all appropriate to represent the original expression in German but all with a different connotation. The critical point in a book like *The*

---

[7] Leonard Forster, "Translation: An Introduction." *Aspects of Translation*. Ed. A. D. Booth. (London: Secker and Warburg, 1958) 1.
[8] Ibid. 3.

Great Gatsby in particular, and in the majority of literary works in gerneral, is that the words used only rarely have a single meaning but rather several different and that those different meanings almost never correlate with the meanings of the word in the translated language.

And because he most likely does not have the possibility to preserve this ambiguity, the translator "has to plump for one out of several simultaneous connotations and thus his rendering becomes an interpretation, whether he likes it or not."[9] This is a very important conclusion, for it not only makes clear how other versions of Jay Gatsby can come into existence but also that there is no such thing as a literary translation, only an interpretation to a higher or lower degree.

---

[9] Leonard Forster, "Translation: An Introduction." *Aspects of Translation*. Ed. A. D. Booth. (London: Secker and Warburg, 1958) 3.

5. Bibliography

Primary Literature:

Fitzgerald, F. Scott. *The Great Gatsby.* Oxford: Oxford University Press, 1998.

Fitzgerald, F. Scott. *Der große Gatsby.* Berlin: Lothar Blanvalet Verlag, 1964.

Fitzgerald, F. Scott. *Der große Gatsby.* Zürich: Diogenes, 2006.

Secondary Literature:

Forster , Leonard. "Translation: An Introduction." *Aspects of Translation.* Ed.

     A. D. Booth. London: Secker and Warburg, 1958. 1-28.

Fitzgerald, F. Scott. "Letter to John Peale Bishop, 9 Aug. 1925." *The Letters of F.*

     Scott Fitzgerald. Ed. Andrew Turnbull. New York: Scribners, 1963. 358.

Lehan, Richard. "Inventing Gatsby." *The Great Gatsby: The Limits of Wonder.*

     Boston: Twayne, 1990. 58-66.

Pictures:

Alan Ladd (standing, left):

    The Great Gatsby. Dir. Elliott Nugent. Perf. Alan Ladd, Betty Field,

    Macdonald Carey, Ruth Hussey, and Barry Sullivan. Paramount Pictures, 1949.

Warner Baxter (standing, right):

    The Great Gatsby. Dir. Herbert Brenon. Perf. Warner Baxter, Lois Wilson,

    Neil Hamilton, Carmelita Geraghty, and Hale Hamilton. Famous Players-

    Lasky Corporation, 1926.

Robert Redford:

    The Great Gatsby. Dir. Jack Clayton. Perf. Robert Redford, Mia Farrow, Sam

    Waterston, Lois Chiles, and Bruce Dern. Paramount Pictures, 1974.

7. Appendix

	The Great Gatsby - Englisch	Der Große Gatsby - Deutsch Walter Schürenberg, 1953	Der Große Gatsby - Deutsch Bettina Abarbanell, 2006
I	If personality is an unbroken series of successful gestures, then there was something gorgeous about him, some heightened sensitiviy to the promises of life, as if he were related to one of those intricate machines that register earthquakes ten thousand miles away. [...] it was an extraordinary gift for hope, a romantic readiness such as I have never found in any other person and which it is not likely I shall ever find again. No—Gatsby turned out all right at the end; (6)	Wenn allerdings Persönlichkeit nur eine ununterbrochene Kette großartiger Gesten ist, dann ging von ihm etwas Strahlendes aus, eine hochgradige Empfindlichkeit für die Verheißungen des Lebens, als hätte er Kontakt mit einem jener verzwickten Instrumente, die auf zehntausend Meilen ein Erdbeben registrieren. [...] es war eine ungewöhnliche Begabung, immer etwas zu erhoffen, eine romantische Bereitschaft, wie ich sie bei keinem Menschen sonst gefunden habe und wohl nie wieder finden werde. Nein – Gatsby ging am Ende untadelig aus allem hervor. (6)	Wenn Persönlichkeit ein Zusammenspiel geglückter Gesten ist, dann hatte er etwas Zauberhaftes ans ich, eine erhöhte Empfindsamkeit für die Verheißungen des Lebens, so als wäre er mit einem raffinierten Gerät verbunden, das ein Erdbeben aus zehntausend Meilen Entfernung registriert. [...] sie verdankte sich vielmehr einer außergewöhnlichen Gabe der Hoffnung, , wie ich sie bei niemandem sonst gefunden habe und wohl auch nie wieder finden werde. Nein - (13)
	[...] fifty feet away a figure had emerged from the shadow of my neighbor's mansion and was standing with his hands in his pockets regarding the silver pepper of the stars. Something in his leisurely movements and the secure position of his feet upon the lawn suggested that is was Mr Gatsby himself, come out to determine what share was his of our local heavens. [...] But I didn't call to him, for he gave a sudden intimation that he was content to be alone—he stretched out his arms toward the dark water in a curious way and, fas as I was from him, I could have sworn he was trembling. (20)	Zwanzig Meter entfernt war eine Gestalt aus dem Schatten des Nachbarhauses aufgetaucht und stand, Hände in den Taschen, in die Betrachtung des silbern gesprenkelten Sternenhimmels versunken. Etwas Lässiges in seiner Haltung und die Selbstgewissheit, mit der er da auf dem Rasen stand, ließ mich erkennen, daß es Mr. Gatsby selbst sei. Wahrscheinlich wollte er seinen Besitzanteil an dem Stück Himmel über uns feststellen. […] Aber ich ließ es; denn er gab plötzlich zu erkennen, daß er mit sich allein sein wollte – er streckte mit einer sonderbaren Geste die Arme gegen das dunkle Wasser aus, und ich hätte, troz der Entfernung schwören können, daß er dabei zitterte. (26)	kaum zwanzig Meter von mir entfernt war eine Gestalt aus dem Schatten der Nachbarvilla getreten und betrachtete, die Händen in den Hosentaschen, den silbernen Sternenpfeffer. Irgend etwas an seinen bedächtigen Bewegungen und die Art, wie er mit beiden Füßen sicher auf dem Rasen stand, legte die Vermutung nahe, daß dies Mr. Gatsby persönlich war, der einmal nachsehen wollte, welcher Teil des hiesigen Himmels der seine was. [...] Aber dann tat ich es doch nicht, denn er erweckte auf einmal den Eindruck, - er streckte auf eine seltsame Weise die Arme zum dunklen Wasser aus, und selbst aus der Entfernung hätte ich schwören können, daß er zitterte. (35)
II	"I'm scared of him. I'd hate to have him get anything on me." (28)	"Ich graule mich vor ihm. Möchte nichts mit ihm zu tun haben." (37)	"Er macht mir angst. ." (47)
III	A chaffeur in a uniform of robin's-egg blue crossed my lawn early that Saturday morning with a surprisingly formal note from his employer: the honor would be entirely Gatsby's, it said, if I would attend his "little party" that night. He had seen me several times, and had intended to call on me long before, but a peculiar combination of circumstances had prevented it—signed Jay Gatsby, in a majestic hand. (35)	Früh an jenem Samstagmorgen kam ein Chauffeur in taubenblauer Livree über meinen Rasen geschritten und brachte eine überraschend förmliche Mitteilung von seinem Dienstherrn. Die Ehre sei ganz auf seiner Seite, schrieb Gatsby, wenn ich an diesem Abend an seiner „kleinen Party" teilnehmen würde. Er habe mich mehrmals gesehen und mich längst anrufen wollen, sei aber durch eine besondere Verquickung der Umstände daran verhindert worden – gezeichnet Jay Gatsby, in schwungvoller Handschrift. (47)	An jenem Samstagmorgen war ein Chauffeur in taubenblauer Livree frühmorgens über meinen Rasen geschritten und hatte mir eine überraschend förmliche Nachricht seines Herrn überreicht - es wäre Gatsby eine außerordentliche Ehre, stand dort, wenn ich am Abend zu seiner "kleinen Party" erscheinen würde; er habe mich schon einige Male gesehen und mir längst seine Aufwartung machen wollen, doch ein Zusammentreffen seltsamer Umstände habe ihn daran gehindert - gezeichnet, mit schwungvoller handschrift, Jay Gatsby. (57)
	"There's somehing funny about a fellow that'll do a thing like that," said the other girl eagerly. "He doesn't want any trouble with anybody." (36)	„Muß ,n ulkiger Kerl sein, der so was macht", sagte das andere Mädchen und wurde lebhafter. „Er will eben mit keinem Menschen Ärger haben." (48)	"Ist doch irgendwie merkwürdig, wenn einer so was macht", sagte das andere Mädchen eifrig. "Er scheint mit niemandem den geringsten Äger haben zu wollen." (60)
	He smiled understandingly—much more than understandingly. It was one of those rare smiles with a quality of eternal reassurance in it, that you may come across four or five times in life. It faced—or seemed to face—the whole eternal world for an instant, and then concentrated on you with an irresistible prejudice in your favor. It understood you just so far as you wanted to be understood, believed in you as you would like to believe in yourself, and assured you that it had precisely the impression of you that, at your best, you hoped to convey. Precisely at that point it vanished—and I was looking at an elegant young rough-neck, a year or two over thirty, whose elaborate formality of speech just missed being absurd. Some time before he introduced himself I'd got a strong impression that he was picking his words with care. (40)	Er lächelte verständnisvoll – ja geradezu verständnisinnig. Es war ein Lächeln, das einen endgültig beruhigte und begütigte; ein Lächeln von jener seltenen Art, wie man es nur vier- oder fünfmal im Leben antrifft. Es umfasste – zumindest schien es so – für einen Augenblick die Welt als ein Ganzes und Ewiges, um sich dann mit grenzenloser Zuversicht dem Menschen zuzuwenden. Dieses Lächeln brachte einem gerade so viel Verständnis entgegen, wie man sich wünschte; es glaubte an einen, wie man selbst gern an sich glauben mochte, und es bestätigte einem genau den Eindruck, den man bestenfalls zu machen hoffen konnte. Genau an diesem Punkt verschwand das Lächeln, und ich sah mich wieder einem eleganten und energischen jungen Mann von etwas über Dreißig gegenüber, dessen korrekte Redeweise gerade bis an die Grenze des Komischen ging. Schon ehe er sich mir vorgestellt hatte, war mir stark aufgefallen, wie sorgfältig und gewählt er sprach. (53)	Er lächelte verständnisvoll - ja mehr als verständnisvoll. Es war ein so besonderes Lächeln, wie es einem vielleicht vier- oder fünfmal im Leben zuteil werden mag, ein Lächeln, . Es nahm - so schien es wenigstens - für einen Moment die gesamte äußere Welt in den Blick und konzentrierte sich dann ganz und gar auf einen selbst. Es verstand einen gerade so weit, wie man verstanden werden wollte, glaubte an einen, wie man selbst gerne an sich geglaubt hätte, und versicherte einem, daß es exakt den Eindruck hatte, den man im besten Fall zu vermitteln hoffte. Just dann erlosch es - und ich schaute ins Gesicht, ein oder zwei Jahre über dreißig, dessen formvollendete Redeweise ans Absurde grenzte. Schon ehe er sich mir vorgestellt hatte, war mir aufgefallen, mit wieviel Bedacht er seine Worte wählte. (65)
	The nature of Mr Tostoff's composition eluded me, because just as it began my eyes fell on Gatsby, standing alone on the marble steps and looking from one group to another with approving eyes. His tanned skin was drawn attractively tight on his face and his short hair looked as though it were trimmed every day. I could see nothing sininster about him. I wondered if the fact that he was not drinking helped to set him off from his guests, for it seemed to me that he grew more correct as the fraternal hilarity increased. (41)	Die Eigenart von Mr Tostoffs Komposition blieb mir indessen verborgen, denn das Stück hatte kaum angefangen, da fiel mein Blick auf Gatsby. Er stand allein auf den marmornen Stufen und blickte wohlgefällig von einer Gruppe zur anderen. Die glatte gebräunte Haut stand ihm gut zu Gesicht, und sein kurzes Haar sah aus, als würde es täglich neu gestutzt. Ich konnte nichts Verdächtiges an ihm bemerken. Ich fragte mich, ob die bloße Tatsache, daß er nichts trank, ihn so von seinen Gästen absetzte, denn seine Korrektheit wurde um so auffälliger, je mehr die allgemeine Ausgelassenheit und Verbrüderungsstimmung zunahm. (55)	Welcher Natur Mr. Tostoffs Stück war, entging meiner Aufmerksamkeit, denn als es eben begonnen hatte, entdeckte ich Gatsby, der allein auf den Marmorstufen stand und wohlgefällig von einer Gruppe zur anderen blickte. Seine gebräunte Haut spannte sich ansehnlich straff über seinem Gesicht, und sein kurzes Haar sah aus, als würde es täglich geschnitten. Ich konnte nichts Zwielichtiges an ihm erkennen und fragte mich, ob er sich auch dadurch von seinen Gästen abhob, daß er nicht trank, denn er wirkte um so korrekter, je mehr die allgemeine Ausgelassenheit wuchs. (67)
	He was saying some last word to her, but the eagerness in his manner tightened abruptly into formality as several people approached him to say good-by. (43)	Er redete gerade noch lebhaft auf sie ein; als aber mehrere Gäste auf ihn zutraten, um sich zu verabschieden, wurde er mit einemmal wieder steif und korrekt. (57)	Er sagte gerade irgendein letztes Wort zu ihr, doch sein lebhafter Ausdruck gerann augenblicklich zu vollendeter Förmlichkeit, als mehrere Leute auf ihn zutraten, um sich zu verabschieden. (70)
	"Don't mention it," he enjoined me eagerly. "Don't give it another thought, old sport. "The familiar expression held no more familiarity than the hand with reassuringly brushed my shoulder. (44)	„Lassen Sie das", wies er mich lebhaft zurecht. „Kein Wort weiter davon, alter Junge." Die vertrauliche Anrede hatte in seinem Munde nichts Anbiederndes, ebensowenig wie die Handbewegung, mit der er mir begütigend über die Schulter strich. (58)	"Lassen Sie's gut sein", beeilte er sich, mich zu beruhigen. "Verschwenden Sie keinen Gedanken mehr daran, alter Knabe." Die vertraute Anrede drückte nicht mehr Vertrautheit aus als die Hand, die begütigend meine Schulter streifte. (71)
	A sudden emptiness seemed to flow now from the windows and the great doors, endowing with complete isolation the figure of the host, who stood on the porch, his hand up in a formal gesture of farewell. (46)	Den geöffneten Fenstern und Türen schien eine plötzliche Leere zu entströmen, in der sich, nunmehr völlig isoliert, die Gestalt des Hausherrn abzeichnete, der auf dem Altan stand, die Hand zu einer förmlichen Abschiedsgeste erhoben. (61)	Eine plötzliche Leere entströmte den Fenstern und Flügeltüren und hüllte die Gestalt des Gastgebers, der auf der Veranda stand und die Hand zu einer förmlichen Abschiedsgeste erhaben hatte, in vollkommene Einsamkeit. (74)
IV	He was balancing himself on the dashboard of his car with that resourcefulness of movement that is so peculiarly American—that comes, I suppose, with the absence of lifting work in youth and, even more, with the formless grace of our nervous, sporadic games. This quality was continually breaking through his punctilious manner in the shape of restlessness. He was never quite still; there was always a tapping foot somewhere or the impatient opening and closing of a hand. (51)	Er balancierte auf dem Trittbrett seines Wagens, und das mit jenem Bewegungsüberschuß, der für uns Amerikaner so typsich ist – er rührt, wie ich vermute, von dem Mangel an körperlicher Arbeit in unserer Jugend her und, mehr noch, von der natürlichen Grazie unseres nervösen Spieltriebs, der uns von Zeit zu Zeit befällt. Diese Eigenschaft brach bei ihm immer wieder durch und gab seiner sonst so peinlich korrekten Haltung etwas Ruheloses. Er konnte sich keinen Augenblick ganz still verhalten; immer mußte er mit dem Fuß wippen oder durch ein Öffnen und Schließen der Hand seine Ungeduld verraten. (69)	Er balancierte auf dem Trittbrett seines Wagens, wobei er jene körperliche Geschicklichkeit demonstrierte, die so typisch amerikanisch ist und sich vermutlich einstellt, wenn einem schweres Heben und langes Stillsitzen in der Jugend erspart geblieben sind, mehr noch aber der natürlichen Armut unserer nervösen Stegreif-Sportarten geschuldet ist. Es war eine Eigenschaft, die Gatsbys korrektes Benehmen permanent durchbrach und ihm etwas Rastloses gab. Er war nie vollkommen ruhig; immer war da ein Fuß, der auf den Boden klopfte, oder eine Hand, die ungeduldig geöffnet und wieder geschlossen wurde. (83)
	I had talked with him perhaps half a dozen times in the past month and found, to my disappointment, that he had little to say. So my first impression, that he was a person of some undefined consequence, had gradually faded and he had become simply the proprietor of an elaborate road-house next door. (51)	Ich hatte mich in den letzten Wochen wohl fünf- oder sechsmal mit ihm unterhalten und dabei zu meiner Enttäuschung festgestellt, daß er einem im Grunde wenig zu sagen hatte. Infolgedessen war mein anfänglicher Eindruck, er sei irgendwie bedeutend, allmählich geschwunden, und ich sah nunmehr in ihm lediglich den Eigentümer der mir benachbarten Luxusvilla. (70)	Ich hatte im vergangenen Monat vielleicht ein halbes dutzendmal mit ihm gesprochen und zu meiner Enttäuschung festgestellt, daß er wenig zu sagen hatte. Mein erster Eindruck, er sei ein auf irgendeine Weise bedeutsamer Mensch, war allmählich verblaßt, und nun sah ich in ihm nichts weiter als den Eigentümer eines prächtigen Hauses gleich neben meinem. (84)
	He looked at me sideways—and I knew why Jordan Baker had believed he was lying. He hurried the phrase "educated at Oxford," or swallowed it, or choked on it, as though it had bothered him before. And with this doubt, his whole statement fell to pieces, and I wondered if there wasn't something a little sinister about him, after all. (52)	Er sah mich von der Seite an - und da wußte ich auf einmal, weshalb Jordan Baker ihm das nicht geglaubt hatte. Er überstürzte seine die Worte "in Oxford erzogen", er verschluckte sie oder würgte daran, als habe er Mühe, sie herauszubringen. Indem mir diese Zweifel kamen, brach für mich seine ganze Erklärung zusammen, und ich fragte mich, ob er am Ende nicht doch ein etwas finsterer Bursche sei. (70)	Er schaute mich von der Seite an - und ich begriff, warum Jordan Baker geglaubt hatte, daß er log. Er sagte den Halbsatz "in Oxford studiert" so hastig, ja er schien ihn zu verschlucken oder fast daran zu ersticken, als hätte er ihm vorher zu schaffen gemacht. Und damit stürzte seine gesamte Erklärung in sich zusammen, und ich fragte mich, . (85)
	"He has to telephone," said mr Wolfshiem, following him with his eyes. "Fine fellow, isn't he? Handsome to look at and a perfect gentleman." (57)	"Er muß telefonieren", sagte Mr. Wolfsheim und blickte ihm nach. "Feiner Junge, nicht? Sieht gut aus und ist ein Gentleman durch und durch." (77)	"Er muß mal telefonieren", sagte er. "Ein feiner Kerl, nich' wahr" Gutaussehend, und ein perfekter Gentleman." (93)
	"Yeah, Gatsby's very careful about women. He would never so much as look at a friend's wife." (58)	"Ja, Gatsby ist sehr penibel mit Frauen. Er würde nie nach der Frau eines Freundes schielen." (78)	"Tja, Gatsby ist sehr vorsichtig, was die Frauen angeht. Er würde sich es sich nie erlauben, die Frau eines Freundes auch nur anzuschauen." (94)
	They shook hands briefly, and a strained, unfamiliar look of embarrassment came over Gatsby's face. (59)	Sie gaben sich kurz die Hand, und auf Gatsbys Gesicht erschien ein gequälter Ausdruck von Verlegenheit, den ich gar nicht an ihm kannte. (80)	Sie schüttelten einander kurz die Hand, und ein gequälter, ungewohnter Ausdruck der Verlegenheit glitt über Gatsbys Gesicht. (96)
	The officer looked at Daisy while she was speaking, in a way that every young girl wants to be looked at sometime (60)	Bei diesen Worten sah der Offizier Daisy so schmachtend an, daß darüber jedes andere Mädchen vor Neid erblaßt wäre. (81)	Der Offizier schaute Daisy so an, wie jedes junge Mädchen einmal angeschaut werden möchte (97)
	Then it had not been merely the stars to which he had aspired on that June night. He came alive to me, delivered suddenly from the womb of his purposeless splendor. (62)	Also hatte er in jener Juninacht, als ich ihn zuerst sah, doch nicht seine Hände sehnsüchtig zu den Sternen erhoben. Er stand mir jetzt ganz deutlich vor Augen, befreit von dem Nimbus sinnloser Prachtentfaltung. (84)	Dann waren es also nicht nur die Sterne gewesen, nach denen er in jener Juninacht gegriffen hatte. Er wurde plötzlich lebendig für mich, aus dem Schoß seines sinnlosen Reichtums entbunden. (101)

	"Does it?" He turned his eyes toward it absently. "I have been glancing into some of the rooms. Let's go to Coney Island, old sport. In my car." (65)	"Ja?" Er blickte gestesabwesend zurück. "Ich habe nur eben in ein paar Zimmer hineingeschaut. Kommen Sie, alter Junge. Ich hol meinen Wagen, und dann fahren wir zusammen nach Coney Island." (87)	"Ja?" Er blickte sich gedankenverloren nach seinem Haus um. "Ich habe bloß in ein paar Zimmer reingeschaut. Fahren wir nach Coney Island, alter Knabe. Mit meinem Wagen." (104)
	He waited, looking at me with suppressed eagerness. (65)	Er zögere noch und blickte mich mit mühsam bezähmter Ungeduld an. (88)	Er wartete und schaute mich mit mühsam unterdrückter Ungeduld an. (105)
	"Oh, that's all right," he said carelessly. "I don't want to put you to any trouble." (65)	"Oh, das ist nett", sagte er leichthin. "Aber ich möchte Ihnen keine Umstände machen." (88)	"Oh, schon gut", sagte er obenhin. "Ich möchte Ihnen keinerlei Umstände machen." (105)
	"I thought you didn't, if you'll pardon my--you see, I carry on a little business on the side, a sort of side line, you understand. And I thought that if you don't make very much-- You're selling bonds, aren't you, old sport?" (66)	"Das habe ich mir gedacht, natürlich ohne Ihnen zu nahe … Wissen Sie, ich führe da noch ein kleines Geschäft nebenbei, eine Art Nebenerwerb - Sie verstehen. Und ich dachte, wenn Sie nicht viel Geld … Sie handeln mit Wertpapieren, nicht wahr, alter Junge?" (88f)	"Das dachte ich mir, wenn Sie entschuldigen, daß ich so … Wissen Sie, ich betreibe nebenbei noch ein kleines Geschäft, so eine Art Nebengewerbe, falls Sie verstehen, was ich meine. Und da dachte ich mir, wenn Sie nicht viel verdienen … Sie handeln doch mit Wertpapieren, nicht wahr, alter Knabe?" (106
	I realize now that under different circumstances that conversation might have been one of the crises of my life. But, because the offer was obviously and tactlessly for a service to be rendered, I had no choice except to cut him off there." (66)	Heute weiß ich, daß diese Unterredung unter anderen Umständen einen Wendepunkt in meinem Leben bedeutet haben könnte. Da aber das Angebot so unverhohlen und taktlos im Zusammenhang mit dem Dienst erfolgte, den ich ihm leisten sollte, hatte ich keine anderen Wahl, als es von vornherein abzulehnen. (89)	Heute weiß ich, daß dieses Gespräch unter anderen Umständen ein Wendepunkt in meinem Leben hätte sein können. Doch da das Angebot ganz unverhohlen und taktloss als Gegenleistung für einen Gefallen meinerseits gemeint war, blieb mir keine andere Wahl, als Gatsby sofort eine Abfuhr zu erteilen. (106)
	He was pale, and there were dark signs of sleeplessness beneath his eyes. (67)	Er war bleich; dunkle Schatten unter seinen Augn deuteten auf eine schlaflos verbrachte Nacht. (90)	Er war blaß und hatte dunkle Spuren der Schlaflosigkeit unter den Augen. (10/)
	He sat down miserably, is if I had pushed him, and simultaneously there was the sound of a motor turning into my lane. (68)	Mit unglücklicher Miene, wie unter einem Zwang, ließ er sich wieder in den Sessel fallen. Im gleichen Augenblick hörte man den Motor eines Wagens, der zu meinem Hause einbog. (91)	Kleinlaut setzte er sich wieder hin, als hätte ich ihn dazu genötigt, und im selben Augenblick hörten wir draußen das Geräusch eines in die Einfahrt biegenden Motors. (108)
	She turned her head as there was a light dignified knocking at the front door. I went out and opened it. Gatsby, pale as death, with his hands plunged like weights in his coat pockets, was standing in a puddle of water glaring tragically into my eyes. (68)	Sie wandte den Kopf, denn an der Vordertür war ein zartes wohlerzogenes Klopfen zu hören. Ich ging hinaus und öffnete. Da stand Gatsby - totenblaß, die Hände wie Zentnergewichte in die Rocktaschen gestemmt, in einer Regenpfütze und starrte mich mit tragischem Ausdruck an. (92)	Sie wandte den Kopf, weil es leise und diskret an der Haustür klopfte. Ich ging hinaus und öffnete. Totenbleich, die Hände wie Gewichte tief in den Jackentaschen vergraben, stand Gatsby in einer Wasserpfütze und starrte mir mit tragischem Blick in die Augen. (110)
	Gatsby, his hands still in his pockets, was reclining against the mantelpiece in a strained counterfeit of perfect ease, even of boredom. His head leaned back so far that it rested against the face of a defunct mantelpiece clock, and from this position his distraught eyes stared down at Daisy (69)	Gatsby, immer noch die Händen in den Taschen, stand gegen den Kaminsims gelehnt und bemühte sich krampfhaft um eine zwanglose, ja gelangweilte Haltung. Er hatte den Kopf weit zurückgelegt und stützte sich damit gegen das Zifferblatt einer alten Pendule auf dem Kaminsims. So starrte er mit abwesendem Blick auf Daisy herab, die steif und verschüchtert, aber reizvoll auf der Kante eines Stuhes saß. (92)	Gatsbys Hände steckten immer noch in seinen Jackentaschen. Er lehnte am Kaminsims und mimte angestrengt vollkommene Gelassenheit oder gar Langeweile. Er hatte sich so weit nach hinten gebeugt, daß sein Kopf am Zifferblatt einer alten, kaputten Kaminuhr ruhte, und von dort blickten seine traurigen Augen zu Daisy hinab, die schüchtern, aber voller Anmut auf der Kante eines harten Stuhls saß. (110)
	"We've met before," muttered Gatsby. His eyes glanced momentarily at me, and his lips partened with an abortive attempt at a laugh. (69)	"Wir kennen uns schon von früher", murmelte Gatsby. Er sah flüchtig zu mir hin, und seine Lippen öffneten sich zu dem mißglückten Versuch eines Lächelns. (93)	"Wir kennen uns von früher", murmelte Gatsby. Sein Blick wanderte kurz zu mir, und seine Lippen öffneten sich in dem vergeblichen Bemühen, ein Lachen zustande zu bringen. (110)
	Gatsby got himself into a shadow and, while Daisy and I talked, looked conscientiously from one to the other of us with tense, unhappy eyes. (69)	Gatsby zog sich, während Daisy und ich uns unterhielten, in eine dunkle Ecke zurück und blickte gequält von einem zum anderen. (93)	Gatsby zog sich ins Halbdunkel zurück, und während Daisy und ich uns unterhielten, schaute er mit wachen, unglücklichen Augen mal zu ihr, mal zu mir. (111)
	"Where are you going?" demanded Gatsby in immediate alarm. (70)	"Wo wollen Sie hin", fragte Gatsby sogleich beunruhigt. (93)	"Wo gehen Sie hin?" frage er augenblicklich alarmiert. (111)
	He followed me wildly into the kitchen, closed the door, and whispered: "Oh, God!" in a miserably way. (70)	Er folgte mir ungestüm in die Küche, schloß die Tür hinter sich und flüsterte todunglücklick: "Oh, mein Gott!" (94)	Panisch folgte er mir in die Küche, schloß die Tür und flüsterte kläglich: "O Gott!" (112)
	"She's embarrassed?" he repeated incredulously. (70)	"Sie ist verlegen?" wiederholte er ungläubig. (94)	"Sie ist verlegen?" wiederholte er ungläubig. (112)
	He raised his hand to stop my words, looked at me with unforgettable reproach, and, opening the door cautiously, went back into the other room. (70)	Er gebot mir mit der Hand Schweigen und sah mich an mit einem vorwurfsvollen Blick, der mir unvergeßlich ist. Dann öffnete er behutsam die Tür und ging ins Zimmer zurück. (94)	Er hob die Hand, um mich am Weiterreden zu hindern, und warf mir einen unvergeßlich vorwurfsvollen Blick zu, ehe er behutsam die Tür öffnete und wieder im anderen Zimmer verschwand. (112)
V	He literally glowed; without a word or a gesture of exultation a new well-being radiated from him and filled the little room. (71)	Er glühte buchstäblich. Ohne daß er mit einem Wort oder einer Geste seinem Überschwang Luft machte, ging eine ganz neue strahlende Glückseligkeit von ihm aus und verbreitete sich im ganzen Raum. (95f)	Er glühte förmlich; ohne ein Wort oder eine Geste des Überschwangs strahlte er ein Wohlbehagen aus, das den kleinen Raum ganz und gar erfüllte. (114)
	"Has it?" When he realized what I was talking about, that there were twinkle-bells of sunshine in the room, he smiled like a weather man, like an ecstatic patron of recurrent light, and repeated the news to Daisy. (71)	"Wirklich?" Als er begriff, wovon die Rede war und daß die Sonne im Raum ihr funkelndes Spiel trieb, lächelte er wie ein Wetterprophet, wie eine verzückte Gottheit des wiederkehrenden Himmelslichtes, und teilte Daisy noch einmal die gute Botschaft mit. (96)	"Wirklich?" Als er begriff, wovon ich sprach, und die Sonne hell ins Zimmer blinzeln sah, lächelte er wie der Mann von der Wettervorhersage, wie ein euphorischer Schutzheiliger des wiederkehrenden Lichts, und wiederholte die Neuigkeit für Daisy (114)
	I think he hardly knew what he was saying, for when I asked him what business he was in he answered: "That's my affair," before he realized that it wasn't an appropriate reply. "Oh, I've been in several things," he corrected himself. "I was in the drug business and then I was in the oil business. But I'm not in either one now." He looked at me with more attention. "Do you mean you've been thinking over what I proposed the other night?" (72)	Ich glaube, er war sich der Bedeutung seiner Worte kaum bewußt, denn als ich ihn nach der Art seiner Geschäfte fragte, antwortete er: "Das ist meine Sache." Dann erst ging im auf, wie ungeschickt diese Antwort war. "Oh, ich habe mich in verschiedenen Branchen betätigt", verbesserte er sich. "Ich war im Drogenhandel und dann in der Ölbranche. Aber heute habe ich damit nichts mehr zu tun." Er sah mich aufmerksamer an. "Heißt das, Sie haben sich meinen Vorschlag von gestern abend durch den Kopf gehen lassen?" (96f)	Ich glaube, er wußte kaum, was er redete, denn als ich ihn fragte, in welcher Branche er tätig sei, sagte er: "Das ist meine Sache", ehe er merkte, daß das keine angemessene Antwort war. "Ach, ich habe mal dies und mal das gemacht", korrigierte er sich. "Zuerst war ich in der Arzneimittelbranche, dann in der Ölbranche. Aber jetzt bin ich in keiner von beiden." Er schaute mich aufmerksamer an. "Heißt das, Sie haben noch einmal über mein Angebot von neulich abend nachgedacht?" (115)
	Daisy took the brush with delight, and smoothed her hair, whereupon Gatsby sat down and shaded his eyes and began to laugh. "It's the funniest thing, old sport," he said hilariously. "I can't--When I try to--" He had passed visibly through two states and was entering upon a third. After his embarassment and his unreasoning joy he was consumed with wonder at her presence. he had been full of the idea so long, dreamed it right through to the end, waited with his teeth set, so to speak, at an inconceivable pitch of intensity. Now, in the reaction, he was running down like an overwound clock. (73)	Daisy griff entzückt nach der Bürste und glättete damit ihr Haar, worauf Gatsby sich in einen Stuhl fallen ließ und, die Hand vor den Augen, zu lachen anfing. "Es ist geradezu ein Witz, alter Junge", sagte er ausgelassen. "Wenn ich mir vorstelle …Ich kann's einfach nicht glauben." Er war sichtlich aus einer Gemütsverfassung in die andere gestürzt und gelangte soeben in ein drittes Stadium. Nach der anfänglichen Verlegenheit und nach dem Freudentaumel überwältigte ihn jetzt das Wunder ihrer bloßen Gegenwart. Diese Vorstellung hatte ihn bis jetzt ganz ausgefüllt; er hatte es sich in allen Einzelheiten ausgemalt, hatte sozusagen mit zusammengebissenen Zähnen darauf gewartet. Seine Spannung war auf dem Höhepunkt, der alle Begriffe überstieg. Nun kam die Reaktion; er war am Ende seiner Kraft und versagte wie ein überdrehtes Uhrwerk. (99)	Hingerissen griff Daisy nach der Bürste und strich sich damit übers Haar, worauf Gatsby sich setzte, die Hand über die Augen legte und zu lachen anfing. "Es ist urkomisch, alter Knabe!" Er war ganz außer sich. "Ich kann gar nicht … Wenn ich versuche…" Er war deutlich sichbar von einem Gemütszustand in den anderen übergewechselt, und nun gelangte er in einen dritten: Nach der Verlegenheit und der blinden Freude überwältigte ihn das Staunen über ihre Gegenwart. Er war so lange von der bloßen Vorstellung erfüllt gewesen, hatte sie ganz bis zu Ende geträumt und sozusagen mit zusammengebissenen Zähnen in unermeßlich hoher Anspannung gewartet. Jetzt löste sich etwas in ihm und kreiste wie die Zeiger einer überdrehten Uhr rückwärts. (117)
	Daisy put her arm through his abruptly, but he seemed absorbed in what he had just said. Possibly it had occurred to him that the colossal significance of that light had now vanished forever. Compared to the great distance that had separated him from Daisy it had seemed very near to her, almost touching her. It had seemed as close as a star to the moon. Now it was again a green light on a dock. His count of enchanted objects had diminished by one. (74)	Daisy schob unvermittelt ihren Arm unter seinen, doch Gatsby schien noch ganz mit dem beschäftigt, was er eben gesagt hatte. Vielleicht kam ihm zum Bewußtsein, daß die ungeheure symbolische Bedeutung jenes grünen Lichts jetzt für immer dahin sei. An der großen Entfernung gemessen, die ihn von Daisy trennte, war das Licht ihr nahe gewesen, berührte sie fast. Es schien ihr so nahe zu sein wie ein Stern dem Mond. Und jetzt war es ein beliebiges grünes Licht an einem Bootssteg. Sein Leben war um ein verzaubertes Symbol ärmer geworden. (100)	Daisy schob plötzlich ihren Arm unter seinen, doch Gatsby sann offenbar noch über das nach, was er eben gesagt hatte. Vielleicht dämmerte ihm, daß die ungeheure Bedeutung dieses Lichts jetzt für immer dahin war. Gemessen an der enormen Distanz, die ihn von Daisy getrennt hatte, war das Licht ihr so nah gewesen, daß es sie fast zu berühren schien; es schien ihr so nah zu sein wie ein Stern dem Mond. Jetzt hatte es sich in ein grünes Licht an einem Steg zurückverwandelt. Seine Sammlung verzauberter Gegenstände war um ein Stück kleiner geworden. (118f)
	As I went over to say good-by I saw that the expression of bewilderment had come back into Gatsby's face, as though a faint doubt had occured to him as to the quality of his present happiness. Almost five years! There must have been moments even that afternoon when Daisy tumbled short of his dreams--not through her own fault, but because of the colossal vitality of his illusion. It had gone beyond her, beyond everything. He had thrown himself into it with a creative passion, adding to it all the time, decking it out with every bright feather that drifted his way. No amount of fire or freshness can challenge what a man can store up in his ghostly heart. (76)	Als ich zu ihnen hinüberging, um mich zu verabschieden, sah ich an Gatsbys Gesichtsausdruck, daß er sich erneut in einem Zustand äußerster Verwirrung befand, als hege er einen leichten Zweifel an der Beschaffenheit seines gegenwärtigen Glücks. Nahezu fünf Jahre! Schon an diesem ersten Nachmittag mußte es Augenblicke gegeben haben, in denen Daisy hinter dem Wunschbild seiner Träume zurückblieb - nicht durch ihre Schuld, sondern lediglich im Verhältnis zu der gewaltigen Spannkraft seiner Illusion, die ihn über sie hinausgetragen hatte, ja alles menschliche Maß überstieg. Er hatte sich mit einer schöferischen Leidenschaft in diese Illusion gestürzt, hatte immer neue Züge in sie hineingedeutet und ihre Zier mit jedem bunten Federchen erhöht, das ihm zugeflogen war. Alle Glut und alle lebendige Frische reichen nicht aus, es mit den himmelstürmenden Traumgebilden aufzunehmen, deren ein Männerherz fähig ist. (102f)	Irgendwann ging ich zu den beiden hinüber, um mich zu verabschieden, und sah, daß der Ausdruck von Verwirrung in Gatsbys Gesicht zurückgekehrt war, als ob er leise an dem Glück, das er empfand, zu zweifeln begänne. Nahezu fünf Jahre! Selbst an jenem Nachmittag muß es Augenblicke gegeben haben, in denen Daisy hinter seine Träume zurückfiel - nicht durch ihre Schuld, sondern weil seine Illusion so kolossal lebendig gewesen war. Sie ging über Daisy, ja eigentlich über alles hinaus. Er hatte sich ihr voll schöpferischer Leidenschaft anheimgegeben und immer noch etwas hinzugefügt, sie mit jeder leuchtenden Feder ausgeschmückt, die ihm über den Weg schwebte. Kein Feuer und kein noch so frischer Wind vermag es mit dem aufzunehmen, was ein Mann in seinem gespenstischen Herzen bewahrt. (122)
	I suppose he'd had the name ready for a long time, even then. His parents were shiftless and unsuccessful farm people--his imagination had never really accepted them as his parents at all. The truth was that Jay Gatsby of West Egg, Long Island, sprang from his Platonic conception of himself. He was a son of God--a phrase which, if it means anything, means just that--an he must be about His Father's business, the service of a vast, vulgar, and meretricious beatuy. So he invented just the sort of Jay Gatsby that a seventeen year-old boy would be likely to invent, and to his conception he was faithful to the end. (79)	Ich nehme an, er hatte sich den Namen damals schon seit langem zurechtgelegt. Seine Eltern lebten als kleine Farmer in dürftigen Umständen. Er hatte sich nie wirklich als ihr Sohn gefühlt. In Wahrheit war Jay Gatsby aus West Egg, Long Island, seinem eigenen Kopf entsprungen, eine Ausgeburt der platonischen Idee seiner selbst. Er war ein Sohn Gottes - nicht mehr und nicht weniger, wenn dieser Ausdruck überhaupt etwas besagt - und folgte nur dem Geheiß seines Vaters, wenn er sich einem allumfassenden, bananlen und verführerischen Schönheitskult weihte. So formte er sich einen Jay Gatsby, wie er der Wunschphantasie eines Siebzehnjährigen entsprach, und blieb diesem Bilde bis ans Ende treu. (105)	Ich vermute, er hatte den Namen damals schon lange parat gehabt. Seine Eltern waren Farmer ohne Ehrgeiz und Erfolg gewesen; im Geiste hatte er sie eigentlich nie als seine Eltern angesehen. Die Wahrheit war, daß Jay Gatsby aus West Egg, Long Island, seiner eigenen platonischen Idee von sich selbst entsprang. Er war ein Sohn Gottes - und wenn diese Wendung überhaupt etwas bedeutet, dann genau das -, und er mußte im Auftraug Seines Vaters einer grandiosen, vulgären, dirnenhaften Schönheit dienen. So erfand er einen Jay Gatsby, wie ihn nur ein siebzehnjähriger Junge erfinden konnte, und blieb dieser Idee bis zum Ende treu. (125)

	For over a year he had been beating his way along the south shore of Lake Superior as a clam-digger and a salmon-fisher or in any other capacity that brought him food and bed. His brown, hardening body lived naturally through the half-fierce, half-lazy work of the bracing days. He knew women early, and since they spoiled him he became contemptuous of them, of young virgins because they were ignorant, of the others because they were hysterical about things which in his overwhelming self-absorbtion he took for granted. (79)	Über ein Jahr hatte er sich ain der Südküste von Lake Superior durchgeschlagen - als Muschelsucher, Lachsfischer oder in einer anderen Tätigkeit, sofern sie ihm Kost und ein Nachtlager verschaffte. Durch dieses natürliche Leben, bei dem er sich weder überarbeitete noch je ganz müßig war, bräunte und stählte sich sein Körper in Wetter und Wind. Er geriet frühzeitig an Frauen, und da sie ihn verwöhnten, lernte er sie verachten - die jungen Mädchen wegen ihrer Unwissenheit, die anderen, weil sie sich über Dinge hysterisch aufregen konnten, die er in seiner grenzenlosen Ich-Bezogenheit für selbstverständlich nahm. (105)	Über ein Jahr hatte er sich am südlichen Ufer des Lake Superior durchgeschlagen und für Kost und Logis als Muschelsucher, Lachsfischer oder ähnliches verdingt. Sein brauner, immer zäher werdender Körper bestand das teils harte, teils träge Tagwerk an der frischen Luft mühelos. Früh lernte er die Frauen kennen, und da sie ihn verwöhnten, sah er bald auf sie herab - auf die Jungfrauen wegen ihrer Ahnungslosigkeit, auf die anderen, weil sie sich über Dinge ereiferten, die er in seiner sagenhaften Selbstverliebtheit als gegeben hinnahm. (126)
	But his heart was in a constant, turbulent riot. The most grotesque and fantastic conceits haunted him in his bed at night. A universe of ineffable gaudiness spun itself out in his brain while the clock ticked on the wash-stand and the moon soaked with wet light his tangled clothes upon the floor. Each night he added to the pattern of his fancies until drowsiness closed down upon some vivid scene with an oblivious embrace. For a while these reveries provided an outlet for his imagination; they were a satisfactory hint of the unreality of reality, a promise that the rock of the world was founded securely on a fairy's wing. (79)	Innerlich befand er sich jedoch ständig in einem wilden Aufruhr. Nachts wurde er von den absonderlichsten und phantastischsten Wunschbildern heimgesucht. Ein ganzes Bacchanal unerhörter Genüsse geisterte durch sein Hirn, während die Weckeruhr auf dem Waschtisch tickte und der Mond die am Boden verstreuten Kleider mit seinem kühlen Licht durchtränkte. Nacht für Nacht wob er neue Fäden in das Muster seines Wunschlebens, bis der Schlaf ihn über irgendeiner lebhaft ausgemalten Szene in die Arme des Vergessens schloß. Eine Zeitlang bildeten diese Träume ein Ventil für seine Einbildungskraft; sie bestätigten seine Ahnung von der Irrealität der Wirklichkeit, waren ein Versprechen, daß diese scheinbar so felsenfest gegründetet Welt sicher auf einem Elfenbeinhügel dahinschwebte. (106)	Doch sein Herz befand sich in andauerndem, wildem Aufruhr. Des Nachts in seinem Bett suchten ihn die groteskesten und absonderlichsten Vorstellungen heim. In seinem Kopf entspann sich ein Universum von unfaßbarem Pomp, während die Uhr auf dem Waschtisch tickte und der Mond seine unordentlich am Boden liegenden Kleider mit nassem Licht tränkte. Nacht für Nacht schmückte er seine Wunschbilder weiter aus, bis die Schläfrigkeit die so lebhaft ausgemalten Szenen in die Arme des Vergessens schloß. Eine Zeitlang dienten ihm seine Träumereien als Ventil für seine Phantasie; sie waren ihm Hinweis genug auf die Unwirklichkeit der Wirklichkeit und bezeugten, daß der Fels der Welt sicher auf einem Feenflügel ruhte. (126)
	An instinct toward his future glory had led him, some months before, to the small Lutheran College of St Olaf's in southern Minnesota. He stayed there two weeks, dismayed at its ferocious indifference to the drums of his destiny, to destiny itself, and despising the janitor's work with which he was to pay his way through. (79)	Eine Vorahnung künftiger Größe hatte ihn einige Monate zuvor auf das kleine lutheranische College St. Olaf im südlichen Minnesota geführt; aber es hielt ihn dort nur zwei Wochen. Er war von der grausamen Gleichgültigkeit enttäuscht, mit der man über sein Schicksal, das sich pochend ankündigte, hinwegging und überhaupt von schicksalhafter Bestimmung nichts wissen wollte. Er verschmähte die Pförtnerstelle, mit deren Hilfe er sein Studium bestreiten sollte, und trieb sich wiederum am Lake Superior umher. (106)	Eine instinktive Ahnung von seinem künftigen Ruhm hatte ihn einige Monate zuvor an das kleine lutherische College St. Olaf im Süden Minnesoats geführt. Er blieb zwei Wochen dort - die grausame Gleichgültigkeit gegenüber den Trommeln seines Schicksals, ja gegenüber dem Schicksal selbst empörte ihn, und seine Arbeit als Hausmeister, die ihm das Studium finanzieren sollte, war ihm verhaßt. (126)
	He was profoundly affected by the fact that Tom was there. But he would be uneasy anyhow until he had given them something, realizing in a vague way that that was all they came for. (81)	Die Tatsache, daß Tom da war, imponierte ihm mächtig. Dennoch fühlte er sich nicht wohl, ehe er ihnen etwas angeboten hatte; denn eine dunkle Ahnung sagte ihm, daß sie nur deswegen gekommen waren. (109)	Toms Anwesenheit . Aber es wäre ihm ohnehin nicht wohl gewesen, ehe er ihnen nicht etwas angeboten hätte, denn ihm war vage bewußt, daß sie allein deswegen gekommen waren. (128f)
	"I know your wife," continued Gatsby, almost aggressively. (82)	"Ich kenne ihre Frau", fuhr Gatsby fort und es klang fast aggressiv. (109)	"Ich kenne ihre Frau", fuhr Gatsby beinahe aggressiv fort. (130)
	"Please don't hurry," Gatsby urged them. He had control of himself now, and he wanted to see more of Tom. (82)	"Aber bitte, keine Eile", sagte Gatsby beschwörend. Er hatte sich jetzt ganz in der Gewalt, und er wollte Tom noch halten. (110)	"Oh, bitte keine Eile", beschwor Gatsby sie. Er hatte sich jetzt unter Kontrolle und wollte nicht, daß Tom schon ging. (131)
	Gatsby looked at me questioningly. He wanted to go and he didn't see that Mr Sloane had determined he shouldn't. (82)	Gatsby sah mich fragend an. Er wollte mitkommen und merkte nicht, daß Mr. Sloane ihn nicht dabeihaben wollte. (110)	Gatsby schaute fragend zu mir. Er wäre gerne mitgegangen und begriff nicht, daß Mr. Sloane ihn icht dabeihaben wollte. (131)
	Daisy and Gatsby danced. I remember being surprised by his graceful, conservative fox-trot--I had never seen him dance before. (84)	Daisy und Gatsby tanzten miteinander. Ich weiß noch, wie sehr mich sein anmutuger, etwas altmodischer Foxtrott überraschte. Ich hatte ihn bis dahin noch nie tanzen sehen. (113)	Daisy und Gatsby tanzten. Ich entsinne mich, daß sein anmutiger, konservativer Foxtrott mich überraschte - ich hatte ihn noch nie zuvor tanzen sehen. (134)
VI	"Who is this Gatsby anyhow?" demanded Tom suddenly. "Some big bootlegger?" "Where'd you hear that?" I inquired. "I didn't hear it. I imagined it. A lot of these newly rich people are just big bootleggers, you know." "Not Gatsby," I said shortly. […] "Well, he certainly must have strained himself to get this menagerie together." (86)	"Wer ist dieser Gatsby nun wirklich?" fragte Tom unvermittelt. "Irgendein Schmugglerkönig?" "Wie kommst du darauf?" fragte ich. "Das hat mir niemand gesagt. Ich denke es mir so. Fast ale diese Neureichen sind weiter nichts als große Schmuggler, nicht wahr?" "Aber Gatsby nicht", sagte ich schroff. "Jedenfalls muß er sich verdammt angestrengt haben, um diesen Zoo auf die Beine zu stellen." (115f)	"Wer ist dieser Gatsby eigentlich?" fragte Tom auf einmal. "Irgendein großer Alkoholschmuggler?" "Wer hat dir das denn erzählt?" wollte ich wissen. "Niemand. Ich denk's mir einfach. Viele von diesen Neureichen sind bloß große Alkoholschmuggler, weißt du." "Gatsby nicht", antwortete ich knapp. [...] "Jedenfalls muß er sich ganz schön ins Zeug gelegt haben, um den Zirkus hier auf die Beine zu stellen." (137)
	"I'd like to know who he is and what he does," insisted Tom. "And I think I'll make a point of finding out." "I can tell you right now," she answered. "He owned some drug-stores, a lot of drug-stores. He built them up himself." (87)	"Ich möchte doch wissen, wer er ist und was er macht", sagte Tom hartnäcking. "Ich denke, ich werde es schon herausbekommen." "Ich kann's dir gleich sagen", entgegenete [sic] sie. "Er besaß einige Drugstores, einen ganzen Konzern. Er hat ihn selbst aufgebaut." (116)	"Ich wüßte gerne, wer er ist und was er macht", wiederholte Tom. "Und ich wird's noch herausfinden." "Ich kann es dir auch gleich sagen", antwortete sie. "Ihm gehörten mal ein paar Drugstores, eine Menge Drugstores. Er hat das Unternehmen selbst aufgebaut." (138)
	When he came down the steps at last the tanned skin was drawn unusually tight on his face, and his eyes were bright and tired. (87)	Als Gatsby dann endlich die Treppe herabkam, merkte man seinem Gesicht mit der straffer als sonst gespannten braunen Haut und dem flackernden Blick an, daß er müde und überanstrengt war. (117)	Als er endlich die Treppe herunterkam, spannte sich die gebräunte Haut ungewöhnlich straff über seinem Gesicht, und seine müden Augen glänzten. (139)
	"She didn't like it," he insisted. "She didn't have a good time." He was silent, and I guessed at his unutterable depression. "I feel far away from her," he said. "It's hard to make her understand." (87)	"Nein, es hat ihr nicht gefallen", beharrte er. "Sie hat sich nicht wohl gefühlt." Er schwieg und sich suchte zu erraten, was ihn so unsagbar deprimierte. "Ich fühle mich so ganz anders als sie", sagte er. "Schwer, es ihr begreiflich zu machen." (117)	"Es hat ihr nicht gefallen", wiederholte er. "Sie hat sich nicht amüsiert." Er schwieg, und ich malte mir seine unassprechliche Enttäuschung aus "Ich fühle mich so fern von ihr", sagte er. "Es ist schwer, es ihr begreiflich zu machen." (139)
	He wanted nothing less of Daisy than that she should go to Tom and say: "I never loved you." After she had obliterated four years with that sentence they could decide upon the more practical measures to be taken. (88)	Er verlangte nichts Geringeres von Daisy als, sie solle zu Tom gehen und sagen: 'Ich habe dich nie geliebt.' Wenn sie mit diesem einen Satz die fünf Jahre ausgelöscht hätte, konnten sie sich über die konkreteren Maßnahmen, die zu treffen waren, schlüssig werden. (118)	Er wollte von Daisy nicht weniger, als daß sie zu Tom ging und ihm sagte: "Ich habe dich nie geliebt." Erst wenn sie mit diesem Satz , würden sie die weiteren notwendigen Schritte unternehmen können. (139)
	"And she doesn't understand," he said. "She used to be able to understand. We'd sit for hours----" (88)	"Aber sie begreift das nicht", sagte er. "Dabei verstand sie mich sonst immer. Wir haben schon stundenlang…" (118)	"Und das begreift sie nicht", sagte er verzweifelt. "Dabei hat sie es doch früher begriffen. Wir konnten stundenlang dasitzen und…" (139)
	"Can't repeat the past?" he cried incredulously. "Why of course you can!" He looked around him wildly, as if the past were lurking here in the shadow of his house, just out of reach of his hand. "I'm going to fix everything the way it was before," he said, nodding determinedly. "She'll see." (88)	"Nicht wiederholen?" rief er ungläubig aus. "Wieso, natürlich kann ich!" Er blickte verstört um sich, als lauere die Vergangenheit hier oder da im Schatten seines Hauses, ohne daß er sie mit der Hand greifen konnte. "Ich werde alles so wiederherstellen, wie es vordem war", sagte er und nickte finster entschlossen. "Sie soll sehen." (118)	"Die Vergangenheit nicht wiederholen?" rief er ungläubig. "Aber natürlich kann man das!" Er blickte sich aufgeregt um, als lauerte die Vergangenheit gleich hier im Schatten seines Hauses, nur knapp außer Reichweite seiner Hand "Ich werde alles genauso herrichten, wie es vorher war", sagte er und nickte entschlossen. "Sie wird es schon sehen." (140)
	He talked a lot about the past, and I gathered that he wanted to recover something, some idea of himself perhaps, that had gone into loving Daisy. His life had been confused and disordered since then, but if he could return to a certain starting place and go over it all slowly, he could find out what that thing was.... (88)	Er sprach des längeren über die Vergangenheit, und ich ahnte, daß er etwas wiederfinden wollte, vielleicht eine Idee seiner selbst, die in seiner Liebe zu Daisy aufgegangen war. Sein Leben war seitdem in Verwirrung und Unordnung geraten, doch wenn es ihm nur einmal gelänge, zu einem gewissen Ausgangspunkt zurückzukehren und alles noch einmal langsam zu überdenken, dann würde er schon herausfinden, was es war... (118)	Er redete viel von der Vergangenheit, und ich hatte den Eindruck, daß er etwas Bestimmtes wiederzufinden versuchte, eine Vorstellung von sich selbst vielleicht, die in seine Liebe zu Daisy eingeflossen war. Seit fünf Jahren war sein Leben verworren und ungeordnet, doch wenn er, ein einziges Mal nur, an einen bestimmten Ausgangspunkt zurückkehren und langsam alles noch einmal durchgehen könnte, vielleicht würde er dann herausfinden, was dieses Etwas war... (140)
	…One autumn night, five years before, they had been walking down the street when the leaves were falling, and they came to a place where there were no trees and the sidewalk was white with moonlight. They stopped here and turned toward each other. […] Out of the corner of his eye Gatsby saw that the blocks of the sidewalks really formed a ladder and mounted to a secret place above the trees--he could climb to it, if he climbed alone, and once there he could suck on the pap of life, gulp down the incomparable milk of wonder. His heart beat faster and faster as Daisy's white face came up to his own. He knew that when he kissed this girl, and forever wed his unutterable vision to her perishable breath, his mind would never romp again like the mind of God. So he waited, listening for a moment longer to the tuning-fork that had been struck upon a star. Then he kissed her. At his lip's touch she blossomed for him like a flower and the incarnation was complete. Through all he said, even through his appalling sentimentality, I was reminded of something--an elusive rhythm, a fragment of lost words, that I had heard somewhere a long time ago. (88f)	…An einem Abend im Herbst, fünf Jahre zurück, als die Bäume sich schon entblätterten, waren sie zusammen eine Straße hinabgegangen, und sie kamen an eine Stelle, wo die Bäume aufhörten und der Gehsteig im weißen Mondlicht lag. Dort blieben sie stehen, einander zugewandt. [...] Aus einem Winkel seines Auges sah Gatsby, daß die Quadern der Häusbeblocks eine Leiter bildeten, die zu einem geheimen Ort über den Bäumen emporsteig. Er konnte hinaufgelangen - er ganz allein - und konnte, einmal oben, an den Brüsten des Lebens saugen und die unvergleichliche wunderkräftige Milch in sich hineintrinken. Sein Herz schlug schneller und schneller, als Daisys weißes Gesicht dem seinen näherkam. Da wußte er: Wenn er dieses Mädchen jetzt küssen und seine unaussprechliche Vision mit ihrem vergänglichen Atemhauch vermählen würde, dann werde in seinem Geist für immer Ruhe einziehen, eine göttliche Ruhe. So wartete er, lauschte noch einen Augenblick der himmlischen Stimmgabel, die in der Berührung eines Sterns zum Klang erwachte. Dann küßte er sie. Unter der Berührung seiner Lippen blühte sie für ihn auf, und seine Vision nahm Gestalt an und wurde vollkommen. Alles, was er sagte, auch noch seine erschreckende Sentimentalität, rührte etwas in mir auf - einen unfaßlichen Rhythmus, Bruchstücke längst vergessener Worte, die ich irgendwo vor langer Zeit gehört hatte. (119)	…In einer Herbstnacht vor fünf Jahren waren sie im Blätterregen die Straße hinuntergegangen, und sie kamen an eine Stelle, wo keine Bäume mehr waren und der Gehweg weiß im Mondlicht lag. Sie blieben stehen und schauten einander an. [...] Aus dem Augenwinkel sah Gatsby, daß die Steine des Gehwegs eigentlich eine Leiter bildeten und zu einem geheimen Ort über den Bäumen führten - er allein könnte dort hinaufsteigen, könnte, oben angekommen, an der Brust des Lebens saugen und die einzigartige Zaubermilch in sich hineintrinken. Sein Herz klopfte schneller und schneller, als Daisys weißes Gesicht sich dem seinen näherte. Wenn er sie jetzt küßte und seine unaussprechlichen Visionen für immer mit ihrem vergänglichen Atem mischte, würde sein Geist nie wieder solch göttliche Kapriolen schlagen, das wußte er. Also wartete er und lauschte noch einen Moment länger auf die Stimmgabel, die einen an einen Stern gerührt hatte. Dann küßte er sie. Als seine Lippen auf ihre trafen, erblühte sie für ihn wie eine Blume, und die Inkarnation war vollkommen. Alles, was er sagte, selbst seine schauerliche Sentimentalität, rief mir etwas in Erinnerung - einen flüchtigen Rhytmus, Bruchstücke verlorengegangener Wörter, die ich vor langer Zeit einmal gehört hatte. (140f)
	"I wanted somebody who wouldn't gossip. Daisy comes over quite often - in the afternoons." (90)	"Ich wollte Leute um mich haben, die nicht über mich klatschen. Daisy kommt oft zu mir herüber - nachmittags." (121)	"Ich wollte Leute im Haus haben, die nicht soviel reden. Daisy besucht mich recht oft - am Nachmittag." (143)

Something was up. And yet I couldn't believe that they would choose this occasion for a scene--especially for the rahter harrowing scene that Gatsby had outlined in the garden. (91)	Irgend etwas bereitete sich vor. Und doch konnte ich nicht glauben, daß sie gerade diese Gelegenheit für eine Szene ausersehen hätten - zumal für jene etwas peinliche Szene, die Gatsby mir bei unserem nächtlichen Gespräch im Garten ausgemalt hatte. (121)	Irgend etwas bahnte sich an. Und doch konnte ich mir nicht vorstellen, daß sie diese Gelegenheit für eine Szene nutzen würden - schon gar nicht für die einigermaßen unerquickliche Szene, die Gatsby im Garten skizziert hatte. (143)
Gatsby stood in the centre of the crimson carpet and gazed around with fascinated eyes. (92)	Gatsby stand mitten auf dem roten Teppich und ließ seine Augen verzückt umhergehen. (123)	Gatsby stand mitten auf dem karmesinroten Teppich und blickte fasziniert in die Runde. (145)
"Mr. Gatsby!" He put out his broad, flat hand with wellconcealed dislike. (92)	"Mr. Gatsby!" Er streckte ihm mit gut geheuchelter Freundlichkeit seine große, breite Hand hin. (123)	"Mr. Gatsby!" Mit gut verhohlener Abneigung streckte er seine breite Hand aus. (146)
As he left the room again she got up and went over to Gatsby and pulled his face down, kissing him on the mouth. "You know I love you," she murmured. (92)	Als er wieder hinausgegangen war, stand sie auf und ging auf Gatsby zu. Sie zog sein Gesicht zu sich heran und küßte ihn auf den Mund. "Sie wissen, daß ich nur Sie liebe", sagte sie leise. (124)	Als er das Zimmer verließ, stand sie auf, ging zu Gatsby hinüber, zog sein Gesicht zu sich heran und küßte ihn auf den Mund. "Du weißt, daß ich dich liebe", murmelte sie. (146)
Afterward he kept looking at the child with surprise. I don't think he had ever really believed in ist existence before. (93)	Gatsby sah das Kind noch lange überrascht an. Ich glaube, er hatte bis dahin die Existenz dieses Kindes überhaupt nicht für möglich gehalten. (124)	Danach schaute Gatsby das Kind immer wieder staunend an. Vermutlich hatte er nie wirklich an seine Existenz geglaubt. (146f)
Gatsby took up his drink. "They certainly look cool," he said, with visible tension. (93)	Gatsby nahm sein Glas hoch. "Sieht wahrhaftig kühl aus", sagte er sichtlich gereizt. (125)	Gatsby griff nach seinem Drink. "Die sehen allerdings kalt aus", sagte er . (147)
Gatsby's eyes floated toward her. "Ah," she cried, "you look so cool." Their eyes met, and they stared together at each other, alone in space. With an effort she glanced down at the table. "You always look so cool," she repeated. She had told him that she loved him, and Tom Buchanan saw. He was astounded. His mouth opened a little, and he looked at Gatsby, and then back at Daisy as if he had just recognized her as some one he knew a long time ago. (94f)	Gatsbys Blick schweifte zu ihr hin. "Ah", rief sie aus, "wie kühl Sie aussehen!" Ihre Augen trafen sich. Sie starrten einander an, als seien nur sie beide vorhanden. Dann riß sie sich los und blickte vor sich auf den Tisch. "Immer blicken Sie so kühl", wiederholte sie. Sie hatte ihm zu verstehen gegeben, daß sie ihn liebe, und Tom Buchanan sah es. Er war sprachlos vor Staunen. Sein Mund öffnete sich ein wenig. Er blickte zu Gatsby hin und dann wieder zurück zu Daisy, als habe er in ihr soeben einen Menschen wiedergefunden, den er vor langer Zeit gekannt hatte. (126)	Gatsbys Augen schweiften durchs Zimmer zu ihr. "Ah", rief sie, "du siehst so schön kühl aus." Ihre Blicke trafen sich, und sie schauten einander an, als seien sie allein auf der Welt. Dann riß Daisy sich zusammen und blickte vor sich auf den Tisch. "Du siehst immer so schön kühl aus", wiederholte sie. Sie hatte ihm gesagt, daß sie ihn liebte, und Tom Buchanan sah es. Er war fassungslos. Sein Mund öffnete sich ein wenig, und er blickte zu Gatsby und dann wieder zu Daisy, als hätte er eben in ihr jemanden wiedererkannt, dem er vor langer Zeit einmal begegnet war. (149)
"You resemble the advertisement of the man," she went on innocently. "You know the advertisement of the man----" (95)	"Sie sehen aus wie eine lebende Reklame für den Mann", fuhr Daisy harmlos fort. "Sie wissen doch, die Reklame..." (126)	" ", fuhr sie unbekümmert fort. "Kennst du die Reklame mit den Männern -" (149)
Gatsby started to speak, changed his mind, but not before Tom wheeled and faced him expectantly. "Have you got your stables here?" asked Gatsby with an effort. (95)	Gatsby machte Anstalten, etwas zu sagen, und ließ es dann. Doch schon war Tom nach ihm herumgefahren und sah ihn erwartungsvoll an. "Haben Sie Ihre Stallungen hier?" brachte Gatsby mühsam heraus. (127)	Gatsby fing an zu reden und besann sich dann eines Besseren, doch da hatte Tom sich schon zu ihm gedreht und schaute ihn erwartungsvoll an. "Ja bitte?" "Haben Sie ihre Stallungen hier auf dem Grundstück?" fragte Gatsby bemüht. (150)
Gatsby turned to me rigidly: "I can't say anything in his house, old sport." (95)	Gatsby wandte sich steif zu mir: "Ich bringe in dieser Umgebung kein Wort heraus, alter Junge." (128)	Gatsby wandte sich steif mir zu: "Ich kriege in diesem Haus kein Wort heraus, alter Knabe." (151)
"Her voice is full of money," he said suddenly. (96)	"Ihre Stimme klingt nach Geld", sagte er plötzlich. (128)	"Ihre Stimme klingt nach Geld", sagte er unvermittelt. (151)
"An Oxford man!" He was incredulous. "Lke hell he is! He wears a pink suit." "Nevertheless he's an Oxford man." "Oxford, New Mexico," snorted Tom contemptuously, "or something like that." (97)	"In Oxford studiert!" Er war ungläubig. "Nicht die Bohne! Er trägt einen rosa Anzug." "Trotzdem hat er in Oxford studiert." "Oxford, Neu-Mexiko", schnaubte Tom verächtlich, "oder so was Ähnliches." (130)	"In Oxford studiert!" Das glaubte er nicht. "Der doch nicht! Er trägt einen grellrosa Anzug!" "Trotzdem hat er in Oxford studiert." "Oxford, New Mexico, oder so was", sagte Tom und schnaubte verächtlich. (153)
"It's so hot," she complained. "You go. We'll ride around and meet you after." (100)	"Zu heiß", jammerte sie. "Geht ihr. Wir fahren spazieren und treffen euch später an einer Straßenecke." (133)	"Es ist so heiß", jammerte sie. "Geht ihr nur. Wir fahren ein wenig spazieren und treffen uns später." (157)
Several times he turned his head and looked back for their car [...] I think he was afraid they would dart down a side street and out of his life forever. (100)	Beim Weiterfahren wandte er sich mehrmals um und hielt nach ihrem Wagen Ausschau [...] Ich glaube, er hatte Angst, sie könnten in eine Seitenstraße flitzen und für immer aus seinem Leben entschwinden. (133)	Er drehte sich mehrmals um und schaute nach ihrem Wagen [...] Ich glaube, er hatte Angst, sie würden mit quietschenden Reifen in eine Seitenstraße einbiegen und für immer aus seinem Leben verschwinden. (157)
"Why not let her alone, old sport?" remarked Gatsby. "You're the one that wanted to come to town." (101)	"Lassen Sie sie, alter Junge", bemerkte Gatsby. "Sie waren es doch, der unbedingt in die Stadt wollte." (134)	"Warum lassen Sie sie nicht in Ruhe, alter Knabe", bemerkte Gatsby. "Sie waren es doch, der in die Stadt fahren wollte." (159)
Gatsby's foot beat a short, restless tattoo and Tom eyed him suddenly. "By the way, Mr Gatsby, I understand you're an Oxford man." "Not exactly." "Oh, yes, I understand you went to Oxford." "Yes--I went there." A pause. Then Tom's voice, incredulous and insulting: (102)	Gatsby vollführte einen kurzen nervösen Trommelwirbel mit dem Fuß, und Tom sah ihn plötzlich scharf an. "Apropos, Mr. Gatsby - wie ich höre, haben Sie in Oxford studiert." "Nicht durchaus." "Doch, ich denke, Sie waren in Oxford." "Ja - ich war dort." Pause. Dann wieder Toms Stimme, ungläubig und beleidigend: (136f)	Gatsby trommelte einen kurzen, rastlosen Rhythmus auf den Boden. Auf einmal fixierte ihn Tom. "Ach apropos, Mr. Gatsby - ich höre, Sie haben in Oxford studiert?" "Das stimmt nicht ganz." "O doch, ich habe gehört, Sie waren in Oxford." "Ja - ich war dort." Eine Pause. Dann Toms Stimme, ungläubig und schneidend: (161)
"I told you I went there," said Gatsby. "I heard you, but I'd like to know when." "It was in nineteen-nineteen, I only stayed five months. That's why I can't really call myself an Oxford man." Tom glanced around to see if we mirrored his unbelief. (102f)	"Ich sagte Ihnen ja, daß ich dort war", sagte Gatsby. "Ich hab's gehört, aber ich wüßte gern, wann?" "Das war 1919. Ich blieb nur fünf Monate, und darum eben kann ich mich nicht als Oxford-Mann bezeichnen." Tom blickte reihum, um sich zu vergewissern, ob wir seinen Unglauben teilten. (137)	"Ich sage Ihnen doch, daß ich dort war." "Das habe ich schon verstanden, aber ich würde gerne wissen, wann." "1919. Ich blieb nur fünf Monate, und darum kann ich auch nicht wirklich behaupten, ich hätte in Oxford studiert." Tom prüfte mit einem Blick in die Runde, ob wir sein Erstaunen spiegelten. (161f)
I wanted to get up and slap him on the back. I had one of those renewals of complete faith in him that I'd experienced before. (103)	Ich wäre gern aufgestanden und hätte ihm auf die Schulter geklopft. Mich überkam, wie es es schon einmal erlebt hatte, eine Welle rückhaltlosen Vertrauens zu ihm. (137)	Ich wäre beinahe aufgestanden und hätte ihm auf die Schulter geklopft. Mein Vertrauen in ihn war voll und ganz wiederhergestellt, wie es ich es nun schon ein paarmal erlebt hatte. (162)
"Wait a minute," snapped Tom, "I want to ask Mr Gatsby one more question." "Go on," Gatsby said politely. "What kind of a row are you trying to cause in my house anyhow?" They were out in the open at last and Gatsby was content. (103)	"Moment noch", schnappte Tom ein, "ich möchte Mr. Gatsby noch eine Frage stellen." "Bitte", sagte Gatsby höflich. "Was für eine Art Skandal wollen Sie eigentlich in meinem Hause anrichten?" Jetzt kämpften sie endlich mit offenem Visier, und Gatsby war das nur recht. (137)	"Moment", blaffte Tom sie an. "Ich möchte Mr. Gatsby noch eine Frage stellen." "Bitte sehr", sagte Gatsby höflich. "Warum versuchen Sie Unfrieden in meinem Haus zu stiften?" Endlich lagen die Karten offen auf dem Tisch, und Gatsby war es recht. (162)
"Self-control!" repeated Tom incredulously. "I suppose the latest thing is to sit back and let Mr Nobody from Nowhere make love to your wife. Well, if that's the idea you can count me out.... (103)	"Zusammennehmen!" wiederholte Tom ungläubig. "Das ist wohl das Letzte, die Hände im Schoß zuzusehen, wie irgendein hergelaufener Herr Soundso von Sonstwoher mit meiner Frau ein Verhältnis anfängt. Wenn du das meinst, dann bist du bei mir an den Falschen geraten. (138)	"Mich zusammennehmen!" wiederholte Tom fassungslos. "Das ist ja wohl das Neuste - ich soll mich lässig zurücklehnen und zuschauen, wie Mr. Irgendwer aus Irgendwo mit meiner Frau schläft? Also, wenn das so ist - da mach ich nicht mit... (163)
"I know I'm not very popular. I don't give big parties. I suppose you've got to make your house into a pigsty in order to have any friends--in the modern world." (103)	"Ich weiß, ich bin nicht sehr beliebt. Ich gebe keine großen Gesellschaften. Wahrscheinlich müssen Sie Ihr Haus in einen Saustall verwandeln, damit überhaupt jemand zu Ihnen kommt - in dieser 'modernen' Welt." (138)	"Mir ist klar, daß ich nicht sehr beliebt bin. Ich gebe keine großen Partys. 1 - in der heutigen Welt." (163)
"I've got something to tell you, old sport--" began Gatsby. But Daisy guessed at his intention. (103)	"Jetzt muß ich Ihnen einmal etwas sagen, alter Junge", begann Gatsby, aber Daisy ahnte, was er vorhatte. (138)	"Jetzt möchte ich Ihnen mal was sagen, alter Knabe -", hob Gatsby an. Doch Daisy ahnte, was er vorhatte. (163)
"I want to know what Mr Gatsby has to tell me." "Your wife doesn't love you," said Gatsby. "She's never loved you. She loves me." "You must be crazy!" exclaimed Tom automatically. Gatsby sprang to his feet, vivid with excitement. "She never loved you, do you hear?" he cried. "She only married you because I was poor and she was tired of waiting for me. It was a terrible mistake, but in her heart she never loved any one except me!" (104)	"Ich möchte hören, was Mr. Gatsby mir zu sagen hat." "Ihre Frau liebt Sie nicht", sagte Gatsby. "Sie hat Sie nie geliebt. Sie liebt mich." "Sie sind wohl verrückt!" rief Tom unwillkürlich aus. Gatsby sprang auf; er bebte vor Erregung. "Sie hat Sie nie geliebt, hören Sie?" schrie er. "Sie hat Sie nur geheiratet, weil ich arm war und weil sie es satt hatte, auf mich zu warten. Es war ein entsetzlicher Irrtum, aber in ihrem Herzen liebte sie keinen anderen als mich!" (138)	"Ich möchte aber wissen, was Mr. Gatsby mir zu sagen hat." "Ihre Frau liebt Sie nicht", sagte Gatsby ruhig. "Sie hat Sie nie geliebt. Sie liebt mich." "Sie sind wohl verrückt!" rief Tom unwillkürlich aus. Gatsby sprang voll innerer Erregung auf. "Sie hat Sie nie geliebt, hören Sie?" rief er. "Sie hat Sie nur geheiratet, weil ich arm war und sie nicht länger auf mich warten mochte. Es war ein schrecklicher Fehler, aber in ihrem Herzen hat sie nie einen anderen geliebt als mich!" (163f)
"I told you what's been going on," said Gatsby. "Going on for five years--and you didn't know." Tom turned to Daisy sharply. "You've been seeing this fellow for five years?" "Not seeing," said Gatsby. "No, we couldn't meet. But both of us loved each other all that time, old sport, and you didn't know. I used to laugh sometimes"--but there was no laughter in his eyes--"to think that you didn't know." (104)	"Ich sagte Ihnen ja, was los ist", sagte Gatsby, "was los ist seit fünf Jahren - und Sie hatten keine Ahnung." Tom wandte sich mit einem Ruck an Daisy. "Du triffst dich mit diesem Burschen seit fünf Jahren?" "Nein", sagte Gatsby. "Treffen konnten wir uns nicht. Aber wir haben uns während dieser ganzen Zeit geliebt, alter Junge, und Sie wußten es nicht. Ich mußte manchmal lachen" - aber er lachte jetzt durchaus nicht -, "wenn ich mir vorstellte, daß Sie überhaupt nichts wußten." (139)	"Ich habe Ihnen schon gesagt, was los ist", sagte Gatsby. "Was seit fünf Jahren los ist - und Sie hatten keine Ahnung." Tom schaute Daisy scharf an. "Du triffst dich seit fünf Jahren mit diesem Kerl?" "Das nicht", sagte Gatsby. "Nein, treffen konnten wir uns nicht. Aber wir haben uns die ganze Zeit geliebt, alter Knabe, und Sie haben es nicht gewußt. Ich mußte manchmal lachen -", doch da war kein Lachen in seinen Augen, "wenn ich daran dachte, daß Sie nichts wußten." (164)

VII

"You're crazy!" he exploded. "I can't speak about what happened five years ago, because I didn't know Daisy then--and I'll be damned if I see how you got within a mile of her unless you brought the groceries to the back door. But all the rest of that's a God damned lie. Daisy loved me when she married me and she loves me now." "No," said Gatsby, shaking his head. (104)	"Sie sind wohl wahnsinnig", brach er dann los. "Was sich vor fünf Jahren zugetragen hat - darüber kann ich nichts sagen, weil ich Daisy damals noch nicht kannte, aber ich will verdammt sein, wenn ich mir vorstellen könnte, wie Sie auch nur von ferne in Daisys Gesichtskreis gelangt sein sollten, es sei denn, Sie hatten am Lieferanteneingang etwas abzugeben. Alles weitere aber ist eine gottverdammte Lüge. Daisy liebte mich, als sie mich heiratete, und sie liebt mich auch jetzt noch." "Nein", sagte Gatsby und schüttelte den Kopf. (139)	"Sie sind verrückt!" polterte er. "Was vor fünf Jahren passiert ist, darüber kann ich nichts sagen, da kannte ich Daisy noch nicht - und ich fresse einen Besen, wenn Sie damals auch nur bis auf einen Kilometer an sie herangekommen sind, es sei denn, Sie haben die Lebensmittel an die Hintertür geliefert. Aber alles andere ist eine gottverdammte Lüge. Daisy liebte mich, als wir geheiratet haben, und sie liebt mich auch jetzt." "Nein", sagte Gatsby und schüttelte den Kopf. (164)
Gatsby walked over and stood beside her. "Daisy, that's all over now," he said earnestly. "It doesn't matter any more. Just tell him the truth--that you never loved him--and it's all wiped out forever." "She looked at him blindly. "Why--how could I love him--possibly?" "You never loved him." (105)	Gatsby ging zu ihr hinüber und stellte sich neben sie. "Daisy, das liegt nun alles hinter Ihnen", sagte er ernst. "Das spielt gar keine Rolle mehr. Nur, sagen Sie ihm die Wahrheit - daß Sie ihn nie geliebt haben - , und schon ist alles weggewischt für immer." Sie sah ihn aus blinden Augen an. "Wirklich, wie konnte ich ihn nur lieben?" "Sie haben ihn nie geliebt." (140)	Gatsby ging zu ihr hinüber und stellte sich neben sie. "Daisy, das ist jetzt alles vorbei", sagte er ernst. "Es spielt keine Rolle mehr. Sag ihm einfach die Wahrheit - daß du ihn nie geliebt hast -, und alles ist für immer ausgelöscht." Sie sah ihn aus blinden Augen an. "Wie konnte ich ... ich ihn ... bloß jemals lieben?" "Du hast ihn nie geliebt." (165)
"I never loved him," she said, with perceptible reluctance. (105)	"Ich habe ihn nie geliebt", sagte sie mit fühlbarem Widerstreben. (140)	"Ich habe ihn nie geliebt", sagte sie mit . (155)
"Please don't." Her voice was cold, but the rancor was gone from it. She looked at Gatsby. "There, Jay," she said--but her hand as she tried to light a cigarette was trembling. (105)	"Bitte laß das." Ihre Stimme war kalt, aber der Groll war aus ihr gewichen. Sie blickte auf Gatsby. "Da haben Sie's, Jay", sagte sie, aber ihre Hand zitterte, als sie sich eine Zigarette anzünden wollte. (140)	"Bitte nicht." Ihre Stimme war kalt, aber aller Groll war daraus verschwunden. Sie schaute Gatsby an. "Da, Jay", sagte sie - aber als sie sich eine Zigarette anzuzünden versuchte, zitterte ihre Hand. (166)
"Oh, you want too much!" she cried to Gatsby. "I love you now--isn't that enough? I can't help what's past." She began to sob helplessly. "I did love him once--but I loved you too." Gatsby's eyes opened and closed. "You loved me too?" he repeated. (105)	"Oh, Sie verlangen zu viel!" rief sie jammernd. "Ich liebe Sie - ist Ihnen das nicht genug? Für das, was gewesen ist, kann ich doch nicht [sic]." Sie begann hilflos zu schluchzen. "Ich habe ihn einmal geliebt - aber Sie liebte ich auch." Gatsbys Lider hoben und senkten sich. "Sie lieben mich *auch* ?" wiederholte er. (140f)	"Ach, du willst zu viel!" sagte sie zu Gatsby. "Ich liebe dich jetzt - reicht das denn nicht? Ich kann nicht ändern, was einmal war." Sie fing hilflos an zu weinen. "Ich *habe* ihn einmal geliebt - aber dich habe ich auch geliebt." Gatsbys Lider hoben und senkten sich. "Du hast mich *auch* geliebt?" wiederholte er. (166)
The words seemed to bite physically into Gatsby. "I want to speak to Daisy alone," he insisted. "She's all excited now----" "Even alone I can't say I never loved Tom," she admitted in a pitiful voice. "It wouldn't be true." (106)	Die Worte schienen Gatsby einen physischen Schmerz zu bereiten. "Ich möchte mit Daisy allein sprechen", erklärte er verbissen. "Sie ist jetzt zu aufgeregt..." "Selbst dann könnte ich nicht sagen, daß ich Tom nie geliebt hätte", gestand sie kleinlaut. "Ich müßte lügen." (141)	Die Wörter schienen Gatsby regelrecht zu schneiden. "Ich möchte allein mit Daisy sprechen", sagte er. "Sie ist ganz außer sich..." "Auch wenn wir allein sind, kann ich nicht sagen, ich hätte Tom nie geliebt", gab sie mit kläglicher Stimme zu. "Es wäre nicht wahr." 166)
"You don't understand," said Gatsby, with a touch of panic. "You're not going to take care of her any more." "I'm not?" Tom opened his eyes wide and laughed. He could afford to control himself now. "Why's that?" "Daisy's leaving you." "Nonsense." "I am, though," she said with visible effort. "She's not leaving me!" Tom's words suddenly leaned down over Gatsby "Certainly not for a common swindler who'd have to steal the ring he put on her finger." (106)	"Sie begreifen nicht", sagte Gatsby, aber es klang unsicher. "Sie werden sich überhaupt nicht mehr um sie zu kümmern haben." "So?" Tom riß die Augen weit auf und lachte. Er hatte sich jetzt wieder in der Gewalt. "Wie das?" "Daisy wird Sie verlassen." "Unsinn." "Doch, das werde ich", sagte sie mit sichtlicher Anstrengung. "Sie wird mich nicht verlassen!" Toms Worte hagelten plötzlich schwer auf Gatsby. "Schon gar nicht einem notorischen Schwindler zuliebe, der ihr nicht einmal einen Ring anstecken könnte, ohne ihn zu stehlen." 141)	"Sie haben es offenbar noch nicht verstanden", sagte Gatsby mit einem Hauch von Panik. "Sie werden sich überhaupt nicht mehr um sie kümmern." "Ach nein?" Tom machte die Augen weit auf und lachte. Jetzt konnte er es sich leisten, sich zusammenzunehmen. "Und wieso nicht?" "Daisy wird Sie verlassen." "Unsinn." "Doch, das werde ich", sagte sie mit sichtlicher Anstrengung. "Sie wird mich nicht verlassen!" Toms Worte beugten sich plötzlich tief über Gatsby. "Ganz bestimmt nicht für einen gewöhnlichen Schwindler, der den Ring, den er ihr anstecken wollte, erst stehlen müßte!" (167)
"Who are you, anyhow?" broke out Tom. "You're one of that bunch that hangs around with Meyer Wolfshiem--that much I happen to know. I've made a little investigation into your affairs--and I'll carry it further to-morrow." "You can suit yourself about that, old sport," said Gatsby steadily. "I found out what your 'drug stores' were." He turned to us and spoke rapidly. "He and this Wolfshiem bought up a lot of side-street drug-stores here and in Chicago and sold grain alcohol over the counter. That's one of his little stunts. I picked him for a bootlegger the first time I saw him, and I wasn't far wrong." "What about it?" said Gatsby politely. "I guess your freind Walter Chase wasn't too proud to come in on it." "And you left him in the lurch, didn't you? You let him go to jail for a month over in New Jersey. God! You ought to hear Walter on the subject of you." (106)	"Wer sind Sie denn überhaupt?" legte Tom los. "Sie gehören zu diesem Klüngel um Meyer Wolfsheim - ich weiß darüber zufällig Bescheid. Ich habe ein wenig nachgeforscht, was Sie so treiben - und schon morgen werde ich noch mehr darüber wissen." "Da sollten Sie lieber bei sich selber anfangen, alter Junge", sagte Gatsby gleichmütig. "Ich weiß jetzt, was hinter Ihren 'Drugstores' steckt." Er wandte sich an uns, und seine Worte überstürzten sich. "Er und dieser Wolfsheim haben eine Reihe kleiner Drugstores in Nebenstraßen aufgekauft, hier und in Chikago, und dann verkaufen sie Getreideschnabs unter dem Ladentisch. Das ist nur einer seiner kleinen Tricks. Ich habe ihn von Anfang an für einen Alkoholschmuggler genommen und hatte damit nicht ganz unrecht." "Und was ist dabei?" fragte Gatsby höflich. "Ihr Freund Walter Chase hielt es nicht für unter seiner Würde mitzumachen." "Und Sie haben ihn in der Patsche sitzen lassen, nicht wahr? Sie ließen ihn für einen Monat drüben in New Jersey ins Kittchen gehen. Mein Gott, Sie sollten mal hören, wie Walter über SIe spricht." (141f)	"Wer sind Sie überhaupt?" fuhr Tom fort. "Sie gehören doch zu dieser Clique um Meyer Wolfshiem - so viel weiß ich zufällig. Ich habe ein paar Nachforschungen über ihre Geschäfte angestellt - und morgen werde ich noch tiefer graben!!" "Nur zu, alter Knabe", sagte Gatsby gleichmütig. "Ich habe herausgefunden, welcher Art ihre 'Drugstores' waren." Er wandte sich jetzt an uns und sprach schnell. "Er und dieser Wolfshiem haben hier und in Chicago eine Menge kleiner Drugstores aufgekauft und Äthylalkohol über den Tresen vertrieben. Das ist nur eins seiner Bravourstückchen. Ich habe ihn auf den ersten Blick für einen Alkoholschmuggler gehalten und hatte nicht unrecht damit." "Was wollen Sie?" sagte Gatsby höflich. "Ihr Freund Walter Chase war sich auch nicht zu schade, mit einzusteigen." "Und Sie haben ihn im Schlamassel sitzenlassen, oder etwa nicht? Sie haben tatenlos zugesehen, als er drüben in New Jersey für einen Monat in den Knast wanderte. Herrgott! Sie müßten mal hören, wie Walter über Sie spricht!" (167f)
"He came to us dead broke. He was very glad to pick up some money, old sport." "Don't you call me 'old sport'!" cried Tom. Gatsby said nothing. "Walter could have you up on the betting laws too, but Wolfshiem scared him into shutting his mouth." That unfamiliar yet recognizable look was back again in Gatsby's face. "That drug-store business was just small change," continued Tom slowly, "but you've got something on now that Walter's afraid to tell me about." (107)	"Er kam völlig erledigt zu uns, alter Junge, und war nur zu froh, etwas Geld machen zu können." "Ich verbitte mir Ihr 'alter Junge'!" brüllte Tom. Gatsby sagte nichts. "Walter könnte Sie auch wegen der Wettbestimmungen auffliegen lassen, aber Wolfsheim hat ihn eingeschüchtert, daß er den Mund hielt." Wieder kam jener befremdliche Ausdruck in Gatsbys Gesicht, den ich schon kannte. "Dieses Drugstore-Geschäft war aber nur Kleingeld für Sie", fuhr Tom ruhiger fort, "inzwischen haben Sie etwas angekurbelt, wovon selbst Walter mir nichts sagen will, weil er Angst hat." (142)	"Als er zu uns kam, war er völlig abgebrannt. Er war froh, ein bißchen Geld zu verdienen, alter Knabe." "Ich verbitte mir Ihr 'alter Knabe'!" rief Tom. Gatsby schwieg. "Walter könnte Sie auch mit den Wettbestimmungen drankriegen, aber Wolfshiem hat ihn so eingeschüchtert, daß er den Mund hält." Der fremde und doch wiedererkennbare Ausdruck trat wieder auf Gatsbys Gesicht. "Das Drugstore-Geschäft war bloß Kleinkram", fuhr Tom langsam fort, "aber jetzt haben Sie etwas laufen, das Walter mir gar nicht zu erzählen wagt." (168)
Then I turned back to Gatsby--and was startled at his expression. He looked--and this is said in all contempt for the babbled slander of his garden--as if he had "killed a man." For a moment the set of his face could be described in just that fantastic way. (107)	Dann wandte ich mich wieder Gatsby zu und war entsetzt über seinen Gesichtsausdruck. Er sah aus - und das sage ich mit allem Abscheu vor dem verleumderischen Geschwätz, das in seinen Gärten umging - er sah aus, als habe er einmal 'einen umgebracht'. Nur mit dieser ungeheuerlichen Wendung läßt sich ausdrücken, was auf seinem Gesicht vorging. (142f)	Dann schaute ich wieder zu Gatsby und erschrak. Er sah aus - und dies sei mit aller gebotenen Verachtung für das verleumderische Geschwätz in seinem Garten gesagt -, als hätte er "jemanden umgebracht". Für einen Moment hätte man seinen Gesichtsausdruck in ebendieser irrwitzigen Weise beschreiben können. (168)
It passed, and he began to talk excitedly to Daisy, denying everything, defending his name against accusations that had not been made. But with every word she was drawing further and further into herself, so he gave that up, and only the dead dream fought on as the afternoon slipped away, trying to touch what was no longer tangible, struggling unhappily, undespairingly toward that lost voice across the room. (107)	Das währte nur einen Augenblick, dann begann er aufgeregt auf Daisy einzureden, leugnete alles ab, suchte seinen Namen von Anschuldigungen reinzuwaschen, die niemand erhoben hatte. Doch mit jedem seiner Worte zog sie sich mehr und mehr in sich zurück. So gab er es auf, und nur sein abgewürgter Traum setzte im davongleitenden Nachmittag seinen Todeskampf fort, versuchte zu berühren, was ihm schon entzogen war, und rang unselig und verzweifelt mit Daisys Stimme, die sich im Raum verlor. (143)	Der Moment ging vorüber, und dann redete Gatsby erregt auf Daisy ein, leugnete alles und verteidigte seinen Namen gegen Anschuldigungen, die niemand erhaben hatte. Doch mit jedem seiner Worte zog sie sich weiter in sich zurück, und so gab er es auf, und nur der tote Traum kämpfte weiter, versuchte, während der Nachmittag dahinschwand, zu berühren, was unerreichbar geworden war, und rang unglücklich, unerschütterlich, um jene verlorene Stimme am anderen Ende des Raums. (168f)
"Go on. He won't annoy you. I think he realizes that his presumptuous little flirtation is over." (107)	"Fahr nur. Er wird dich nicht mehr quälen. Ich denke, es ist ihm klargeworden, daß es mit dem kelinen Flirt, den er sich angemaßt hatte,	"Geh nur. Er wird dich in Ruhe lassen. Ich glaube, er hat begriffen, daß sein anmaßender kleiner Flirt vorbei ist." (169)
They were gone, without a word, snapped out, made accidental, isolated, like ghosts, even from our pity. (107)	Sie waren ohne ein Wort gegangen, ausgemerzt und zur Bedeutungslosigkeit verurteilt; sie waren völlig isoliert und wie abgetretene Geister nicht einmal mehr für unser Mitgefühl erreichbar. (143)	Sie waren fort, ohne ein Wort, ausgeknipst, unwichtig geworden und wie Schatten sogar von unserem Mitleid ausgeschlossen. (169)
But there was Jordan beside me, who, unlike Daisy, was too wise ever to carry well-forgotten dreams from age to age. (108)	Aber ich hatte Jordan neben mir, die, anders als Daisy, viel zu klug war, um längst vergessene Träume in ein neues Lebensalter hinüberzuschleppen. (144)	Doch da war Jordan neben mir, die, anders als Daisy, zu klug war, um wohlvergessene Träume von einem Lebensalter ins andere mitzuschleppen. (170)
"The God damned coward!! He whimpered. "He didn't even stop his car." (113)	"Der verdammte Schurke!" winselte er. "Nicht einmal angehalten hat er." (150)	"Dieser gottverdammte Feigling!" wimmerte er. "Nicht mal angehalten hat er!" (177)
I must have felt pretty weird by that time, because I could think of nothing except the luminosity of his pink suit under the moon. (114)	"Ich war mittlerweile ziemlich vor den Kopf geschlagen, denn ich dachte weiter nichts als, wie stark sein rosa Anzug im Mondschein leuchtete. (151)	Ich muss inzwischen in einer ziemlich sonderbaren Gemütsverfassung gewesen sein, denn mir fiel lediglich auf, wie stark sein grellrosa Jackett im Mondschein leuchtete. (178)
Somehow, that seemed a despicable occupation. For all I knew he was going to rob the house in a moment; I wouldn't have been surprised to see sinister faces, the faces of "Wolfshiem's people," behind him in the dark shrubbery. (114)	Eine hinterhältige Beschäftigung, dachte ich. Denn nach allem, was ich wußte, konnte er nur einen Anschlag auf das Haus vorhaben. Es hätte mich nicht überrascht, wenn hinter ihm die zweifelhaten Gestalten der "Wolfsheim-Leute" aus dem dunklen Gesträuch aufgetaucht wären. (151)	Das schien mir irgendwie keine anständige Beschäftigung zu sein. Woher sollte ich wissen, ob er nicht gleich das Haus ausrauben würde; es hätte mich nicht gewundert, wenn hinter ihm im dunklen Gesträuch finstere Gesichter, die Gesichter von "Wolfshiems Leuten", aufgetaucht wären. (17[illegible])
I disliked him so much by this time that I didn't find it necessary to tell him he was wrong. (114)	Ich hatte mittlerweile einen solchen Widerwillen gegen ihn, daß ich es nicht einmal für nötig hielt, ihm die Wahrheit zu sagen. (152)	Ich empfand inzwischen solche Abneigung gegen ihn, daß ich es nicht nötig fand, ihm zu sagen, daß er sich täuschte. (179)
"I thought so; I told Daisy I thought so. It's better that the shock should all come at once. She stood it pretty well." He spoke as if Daisy's reaction was the only thing that mattered. (114)	"Dachte ich mir; ich habe es auch Daisy gleich gesagt. Es war besser, daß sie alles auf einmal erfuhr. Sie hat den Schock leidlich überstanden." Er sprach, als sei Daisys Reaktion das einzige, worauf es ankomme. (152)	"Das dachte ich mir; und das habe ich Daisy auch sofort gesagt. Besser, man sieht der Wahrheit gleich voll ins Gesicht. Sie hat es ziemlich gut aufgenommen." Er tat, als wäre Daisys Reaktion das einzige, was zählte. (1[illegible]9)

VIII	He wouldn't consider it. He couldn't possibly leave Daisy until he knew what she was going to do. He was clutching at some last hope and I couldn't beat to shake him free. (117)	Er wollte davon nichts wissen. Unmöglich könne er Daisy verlassen, ohne ihre weiteren Entschlüsse abzuwarten. Er klammerte sich an eine letzte Hoffnung, und ich brachte es nicht über mich, ihn davon loszureißen. (156)	Das kam für ihn nicht in Frage. Er konnte Daisy unmöglich verlassen, ehe er nicht wußte, was sie tun würde. Er klammerte sich an eine letzte Hoffnung, und ich brachte es nicht über mich, ihn loszurütteln. (183)
	"Jay Gatsby" had broken up like glass against Tom's hard malice, and the long secret extravaganza was played out. I think that he would have acknowledged anything now, without reserve, but he wanted to talk about Daisy. (117f)	weil jener "Jay Gatsby" wie ein gläsernes Gebilde an dem harten bösen Willen von Tom zerbrochen war und die ganze seltsame Geheimnistuerei ein Ende hatte. Ich glaube, er hätte jetzt alles rückhaltlos gestanden, aber er hatte das Bedürfnis, von Daisy zu sprechen. (156)	weil "Jay Gatsby" wie Glas an Toms harter Boshaftigkeit zersplittert und der heimliche, extravagante Traum ausgeträumt war. Ich glaube, er hätte jetzt alles zugegeben, rückhaltlos, aber er wollte über Daisy sprechen. (183)
	She was the first "nice" girl he had ever known. [...] he found her excitingly desirable. (118)	Sie war das erste "feine" Mädchen, das er kennengelernt hatte. [...] Er fand sie aufregend und begehrenswert. (156)	Sie war das erste "feine" Mädchen, das er je kennengerlernt hatte. [...] Er fand Daisy auf erregende Weise begehrenswert. (183)
	But he knew that he was in Daisy's house by a colossal accident. However glorious might be his future as Jay Gatsby, he was at present a penniless young man without a past, and at any moment the invisible cloak of his uniform might slip from his shoulders. So he made the most of his time. He took what he could get, ravenously und unscrupulously--eventually he took Daisy one still October night, took her because he had no real right to touch her hand. (118)	Aber er war sich darüber klar, daß er den Zutritt zu Daisys Haus nur einem ungeheuren Zufall verdankte. Seine Zukunft als Jay Gatsby mochte noch so glänzend sein, im Augenblick war er ein junger Mann ohne Vergangenheit und ohne einen Pfennig; jeden Moment konnte der unsichtbare Deckmantel der Uniform ihm von den Schultern gleiten. So nutzte er denn die kurze Frist, die ihm gegeben war. Er nahm mit, was er konnte, heißhungrig und skrupellos - und bei Gelegenheit, an einem stillen Oktoberabend, nahm er auch Daisy - nahm sie, weil er im Grunde nicht einmal das Recht hatte, ihre Hand zu berühren. (157)	Aber er wußte, daß er nur durch einen kolossalen Zufall in Daisys Haus geraten war. Wie glorreich seine Zukunft als Jay Gatsby auch immer sein mochte, gegenwärtig war er ein mittelloser junger Mann ohne Vergangenheit, und der unsichtbare Deckmantel seiner Uniform konnte ihm jeden Augenblick von den Schultern rutschen. Und so nutzte er die Zeit, so gut es ging. Er nahm sich, was er kriegen konnte, heißhungrig und skrupellos, nahm in einer stillen Oktobernacht auch Daisy - nahm sie, weil er im Grunde nicht einmal das Recht hatte, ihre Hand zu berühren. (184)
	He might have despised himself, for he had certainly taken her under false pretenses. I don't mean that he had traded on his phantom millions, but he had deliberately given Daisy a sense of security; he let her believe that he was a person from much the same strata as herself--that he was fully able to take care of her. (118)	Er müßte seine Selbstachtung verloren haben, denn er hatte sie unter falschen Voraussetzungen erobert. Nicht daß er ihr von dem Phantom seiner Millionenerbschaft erzählt hätte, aber er hatte sie ganz bewußt in Sicherheit gewiegt, hatte sie in dem Glauben gelassen, er sei jemand aus ihrer eigenen Lebenssphäre, jemand, der ganz für sie einstehen könne. (157)	Er hätte sich dafür verachten können, denn zweifellos hatte er ihr falsche Tatsachen vorgespiegelt. Ich meine damit nicht, daß er auf seine Phantom-Millionen angespielt hätte, sondern daß er Daisy vorsätzlich ein Gefühl der Sicherheit gab; er ließ sie glaube, er entstamme im wesentlichen der gleichen Gesellschaftsschicht wie sie und sei vollkommen in der Lage, für sie zu sorgen. (184)
	But he didn't despise himself and it didn't turn out as he had imagined. He had intended, probably, to take what he could and go--but now he found that he had committed himself to the following of a grail. (118f)	Aber er verachtete sich nicht, und es kam auch ganz anders, als er es sich gedacht hatte. Wahrscheinlich hatte er im Sinne, alle Annehmlichkeiten mitzunehmen und sich davonzumachen, mußte jedoch entdecken, daß er sich, ohne es zu wollen, auf so etwas wie eine Reise nach dem Gral eingelassen hatte. (157)	Aber er verachtete sich nicht, und es kam nicht so, wie er es sich ausgemalt hatte. Vermutlich hatte er die Absicht gehabt, sich zu nehmen, was er kriegen konnte, und wieder zu gehen, doch dann merkte er, daß er sich auf die Jagd nach einem Gral eingelassen hatte. (185)
	When they met again, two days later, it was Gatsby who was breathless, who was, somehow, betrayed. (119)	Als sie sich zwei Tage später wiedertrafen, war es Gatsby, dem der Atem stockte und dersich irgendwie betrogen fühlte. (158)	Als sie sich zwei Tage später wiedertrafen, war Gatsby selbst der Atemlose, irgendwie Betrogene. (185)
	"I can't describe to you how surprised I was to find out I loved her, old sport. I even hoped for a while that she'd throw me over, but she didn't, because she was in love with me too. She thought I knew a lot because I knew different things from her...Well, there I was, way off my ambitions, getting deeper in love every minute, and all of a sudden I didn't care. What was the use of doing great things if I could have a better time telling her what I was going to do?" (119)	"Sie können sich nicht vorstellen, wie überrascht ich war, als ich entdecken musste, daß ich sie liebte. Eine Zeitlang hoffte ich sogar, sie werde meiner überdrüssig werden; aber sie brach die Beziehung nicht ab, denn sie liebte mich ebenfalls. Sie dachte, ich wisse sehr viel, weil ich ein paar Einzelheiten über sie wußte... Da war ich nun, weitab von all meinen ehrgeizigen Zielen, von Stunde zu Stunde tiefer in diese Liebe verstrickt - und plötzlich war mir alles andere gleichgültig. Was nützte es, große Taten zu vollbringen, wo es doch so viel schöner war, mit ihr zu sitzen und ihr von meinen Plänen zu erzählen?" (158)	"Ich kann Ihnen mein Erstaunen nicht beschreiben, als ich merkte, daß ich sie liebte, alter Knabe. Eine Zeitlang hoffte ich sogar, sie würde mir den Laufpass geben, doch das tat sie nicht, denn sie war auch in mich verliebt. Sie glaubte, ich wisse viel, ... Tja, da war ich nun, weit von meinen ehrgeizigen Zielen entfernt, mit jeder Minute schwerer verliebt, und auf einmal war mir das einerlei. Warum große Taten vollbringen, wenn es doch schöner war, ihr zu erzählen, welch große Taten ich noch vollbringen würde?" (185f)
	After the armistice he tried frantically to get home, but some complication or misunderstanding sent him to Oxford instead. He was worried now--there was a quality of nervous despair in Daisy's letters. She didn't see why he couldn't come. She was feeling the pressure of the world outside, and she wanted to see him and feel his presence beside her and be reassured that she was doing the right thing after all. (119f)	Nach dem Waffenstillstand strebte er wild nach Hause, aber auf Grund irgendeiner bürokratischen Anordnung oder eines Mißverständnisses, wurde er statt dessen nach Oxford geschickt. Er war sehr unglücklich darüber - in Daisys Briefen war ein Unterton verzweifelter Nervösität. Sie sah nicht ein, weshalb er nicht kommen konnte. Die äußere Welt stürmte mit Macht auf sie ein; sie wollte ihn wiedersehen und aus dem Gefühl seiner Gegenwart die Gewißheit schöpfen, daß sie mit ihrem Leben auf dem richtigen Wege war. (159)	Nach dem Waffenstillstand versuchte er verzweifelt heimzukehren, doch aufgrund einer Komplikation oder eines Mißverständnisses landete er in Oxford. Jetzt machte er sich Sorgen, denn in Daisys Briefen klang eine gewisse bange Verzweiflung an. Sie verstand nicht, warum er nicht kommen konnte. Um dem Druck der Außenwelt standzuhalten, wollte sie Gatsby sehen, wollte seine Gegenwart neben sich spüren und sich vergewissern, daß sie sich wirklich richtig entschieden hatte. (186f)
	"I don't think she ever loved him." Gatsby turned around from a window and looked at me challengingly. "You must remember, old sport, she was very excited this afternoon. He told her those things in a way that frightened her--that made it look as if I was some kind of cheap sharper. And the result was she hardly knew what she was saying." (121)	"Ich glaube nicht, daß sie ihn je geliebt hat." Gatsby wandte sich vom Fenster, an dem er gestanden hatte, zu mir herum und sah mich herausfordernd an. "Sie müssen bedenken, alter Junge, wie aufgeregt sie gestern nachmittag war. Er brachte seine Argumente auf eine Art vor, die sie einschüchterte und verängstigte; er drehte die Sache so, als sei ich irgendein hergelaufener Gauner. Und am Ende war sie ganz durcheinander und wußte kaum noch, was sie sagte." (161)	"Ich glaube nicht, daß sie ihn je geliebt hat." Gatsby wandte sich von einem Fenster zu mir um und schaute mich herausfordernd an. "Sie müssen bedenken, alter Knabe, wie aufgeregt sie den ganzen Nachmittag war. Er erzählte ihr all diese Dinge auf eine Weise, daß sie es mit der Angst zu tun bekam - es klang ja so, als wäre ich ein . Mit dem Ergebnis, daß sie kaum wußte, was sie sagte." (188)
	He sat down gloomily. "Of course she might have loved him just for a minute, when they were first married--and loved me more even then, do you see?" Suddenly he came out with a curious remark. "In any case," he said, "it was just personal." What could you make of that, except to suspect some intensity in his conception of the affair that couldn't be measured? (121)	Er sah düster vor sich hin. "Natürlich kann es sein, daß sie ihn, als sie heirateten, ganz kurz geliebt hat - und mich *mehr* geliebt hat, wie sie sagt. Aber selbst dann - verstehen Sie?" Plötzlich machte er eine sehr sonderbare Bemerkung. "Auf jeden Fall", sagte er, "war das alles rein privat." Was sollte ich damit anfangen, es sei denn, er wollte andeuten, die Sache gehe ihm viel näher, als ein anderer überhaupt ermessen könne. (161)	Er setzte sich und zog ein finsteres Gesicht. "Mag ja sein, daß sie ihn für einen kurzen Moment geliebt hat, als sie frisch verheiratet waren - und selbst da hat sie mich noch mehr geliebt." Plötzlich machte er eine sehr seltsame Bemerkung: "Jedenfalls", sagte er, "war es rein persönlich." Wie war das zu verstehen, wenn nicht so, daß die Angelegenheit für in eine Intensität hatte, die nicht meßbar war? (188)
	He came back from France when Tom and Daisy were still on their wedding trip, and made a miserable but irresistible journey to Louisville on the last of his army pay. (121)	Er war aus Frankreich zurückgekehrt, als Tom und Daisy noch auf ihrer Hochzeitsreise waren, und unternahm aus unwiderstehlichem Drang, obwohl ihm dabei sehr elend zumute war, von seinen letzten Soldgroschen eine Reise nach Louisville. (161)	Er kehrte aus Frankreich zurück, als Tom und Daisy noch in den Flitterwochen waren, und leistete sich vom Rest seines Wehrsolds eine leidvolle, aber unwiderstehliche Reise nach Louisville. (188f)
	He left feeling that if he had searched harder, he might have found her--that he was leaving her behind. (121)	Er reiste ab mit einem Gefühl, als hätte er sie aufspüren können, wenn er nur eifriger gesucht hätte - als lasse er sie in Wahrheit dort zurück. (161)	Bei seiner Abreise war ihm, als hätte er sie finden können, wenn er sich nur mehr bemüht hätte - als ließe er sie hier zurück. (189)
	He stretched out his hand desperately as if to snatch only a wisp of air, to save a fragment of the spot that she had made lovely for him. But it was all going too fast now for his blurred eyes and he knew that he had lost that part of it, the freshest and the best, forever. (121)	Mit einer verzweifelten Gebärde streckte er die Hand aus, als wolle er mit ihr ein Lüftchen einfangen, ein letztes winziges Teilchen des Weichbildes retten, das er um ihretwillen so geliebt hatte. Aber schon glitt alles schneller in die Ferne, zu schnell, als daß er es mit seinen trüben Augen zu fassen und zu halten vermochte, und er wußte, daß er den besten und hellsten Teil seiner Vergangenheit auf immer hinter sich ließ. (162)	Er streckte verzweifelt die Hand aus, als wollte er wenigstens einen Lufthauch erhaschen, ein Stück von jenem Ort bewahren, den sie für ihn so verschönert hatte. Doch jetzt flog alles zu schnell an seinen verschleierten Augen vorbei, und er wußte: diesen Teil, den frischesten und besten, hatte er für immer verloren. (189)
	"I suppose Daisy'll call too." He looked at me anxiously, as if he hoped I'd corroborate this. (122)	"Ich vermute, Daisy wird auch anrufen." Er sah mich ängstlich an, als hoffe er auf eine Bestätigung von mir. (163)	"Daisy wird wahrscheinlich auch anrufen." Er sah mich ängstlich an, als hoffte er, ich würde es ihm bestätigen. (190)
	"They're a rotten crowd," I shouted across the lawn. "You're worth the whole damn bunch put together." I've always been glad I said that. It was the only compliment I ever gave him, because I disapproved of him from beginning to end. First he nodded politely, and then his face broke into that radiant and understanding smile, as if we'd been in ecstatic cahoots on that fact all the time. (122)	"Eine ganz korrupte Gesellschaft!" rief ich ihm quer über den Rasen zu. "Sie sind mehr wert als die ganze Bande zusammengenommen." Ich habe es nie bereut, ihm das noch gesagt zu haben. Es war das einzige Kompliment, das ich ihm je gemacht habe; denn im Grunde mißbilligte ich ihn von Anfang bis Ende. Erst nickte er höflich; dann brach auf seinem Gesicht jenes strahlende und verstehende Lächeln hervor, als seien wir in dieser Sache seit je einer brüderlichen Meinung gewesen. (163)	"Das ist ein übles Pack", rief ich ihm über den Rasen hinweg zu. "Sie sind mehr wert als die ganze verfluchte Bande zusammen." Ich bin heute noch froh, daß ich das gesagt habe. Es war das einzige Kompliment, das ich ihm je machte, weil ich alles an ihm mißbilligte. Zuerst nickte er höflich, und dann breitete sich auf seinem Gesicht jenes strahlende, gewinnende Lächeln aus, so als wären wir hinsichtlich dieser Tatsache schon immer voll und ganz einer Meinung gewesen. (190f)
	I have an idea that Gatsby himself didn't believe it would come, and perhaps he no longer cared. If that was true he must have felt that he had lost the old warm world, paid a high price for living too long with a single dream. He must have looked up at an unfamiliar sky through frightening leaves and shivered as he found what a grotesque thing a rose is and how raw the sunlight was upon the scarcely created grass. (128)	Ich halte es für möglich, daß Gatsby selbst nicht mehr an diesen Anruf glaubte und daß ihm vielleicht gar nichts mehr daran lag. Wenn das so war, dann fühlte er wohl, daß ihn seine ursprüngliche Welt nicht mehr wärmend umgab; er hatte sie längst verloren, und das war der hohe Preis dafür, daß er allzulange einzig und allein seinem Traum gelebt hatte. Er blickte auch wohl auf zu einem Himmel, der sich fremd und beängstigend über den Bäumen wölbte, und erschauerte, als er erkennen mußte, was für ein monströses Gebilde eine Rose ist und wie schmerzhaft grell die Sonne auf das kaum gesprossene Gras scheint. (171)	Ich halte es für möglich, daß Gatsby selber gar nicht mehr mit dem Anruf rechnete, und vielleicht war es ihm inzwischen auch egal. Für diesen Fall muß er sich gefühlt haben, als hätter er die alte, warme Welt verloren und einen hohen Preis dafür gezahlt, daß er zu lange mit einem einzigen Traum gelebt hatte. Er muß durch beängstigendes Blätterwerk zu einem fremden Himmel emporgeschaut und gezittert haben, als er sah, was für ein groteskes Ding eine Rose ist und wie brutal das Sonnenlicht auf das kaum gesprossene Gras fiel. (200)
	After that I felt a certain shame for Gatsby--one gentleman to whom I telephoned implied that he had got what he deserved. (135)	Ein andere Gentleman, den ich anrief, ließ durchblicken, daß Gatsby nur recht geschehen sei. (180)	Danach empfand ich um Gatsbys willen eine gewisse Scham - ein Herr, den ich anrief, ließ durchblicken, Gatsby habe bekommen, was er verdiene. (210)
	"My memory goes back to when first I met him," he said. "A young major just out of the army and covered over with medals he got in the war. He was so hard up he had to keep on wearing his uniform because he couldn't buy some regular clothes. First time I saw him was when he come into Winebrenner's poolroom at Forty-third Street and asked for a job. he hadn't eat anything for a couple of days. 'Come on have some lunch with me,' I sid. He ate more than four dollars' worth of food in half an hour." (135f)	"Ich muß noch immer daran denken, wie ich ihn zum ersten Male traf", sagte er. "Ein junger Major, frisch aus der Armee entlassen und über und über mit Kriegsauszeichnungen bedeckt. Es ging ihm so schlecht, daß er sich keinen Zivilanzug kaufen konnte und seine Uniform weiter tragen mußte. Das erstemal sah ich ihn in Winebrenners Wettbüro in der Dreiundvierzigsten Straße; er fragte dort nach einer Anstellung. Er hatte schon mehrere Tage nichts gegessen. 'Kommen Sie mit mir frühstücken', sagte ich. Er aß für mehr als vier Dollar binnen einer halben Stunde." (181)	"Ich denke an den Tag zurück, als ich ihm zum ersten Mal begegnete", sagte er. "Ein junger Major, eben aus der Armee raus und von oben bis unten mit Kriegsorden behängt. Er war so abgebrannt, daß er seine Uniform weitertragen mußte, weil er sich nichts anderes kaufen konnte. Irgendwann tauchte er in Winebrenner's Wettbüro in der Dreiundvierzigsten auf und bat mich um einen Job; da hab ich ihn zum ersten Mal gesehen. Er hatte ein paar Tage lang nix zu beißen gehabt. 'Kommen Sie, wir gehen was essen', hab ich gesagt. Innerhalb einer Stunde hatte er für über vier Dollar Essen in sich reingeschaufelt." (211f)

IX			
"Did you start him in business?" I inquired. 'Start him! I made him." "Oh." "I raised him up out of nothing, right out of the gutter. I saw right away he was a fine-appearing, gentlemanly young man, and when he told me he was an Oggsford I knew I could use him good. I got him to join up in the American Legion and he used to stand high there. Right off he did some work for a client of mine up to Albany. We were so thick like that in everything"--he held up two bulbous fingers--"always together." (136)	"Haben Sie ihm geschäftlich auf die Beine geholfen?" fragte ich. "Geholfen? Ich habe ihn gemacht!" "Oh." "Ich habe ihn aus dem Nichts, regelrecht aus der Gosse gezogen. Ich sah auf den ersten Blick, daß er ein gutgebauter, manierlicher junger Mann war, und als er mir erzählte, er wär in Oggsford, da wußte ich gleich, daß ich ihn gut gebrauchen konnte. Ich ließ ihn in die Amerikanische Legion eintreten, und er brachte es dort zu hohem Ansehen. Schon sehr bald konnte er einem Kunden von mir oben in Albany einen guten Dienst erweisen. Wir waren so dicke miteinander" - er hielt zwei fleischige Finger hoch -, "immer unzertrennlich." (181f)	"Haben Sie ihn in die Geschäftswelt eingeführt?" "Eingeführt? Ich habe ihn gemacht!" "Oh." "Ich habe ihn aus dem Nichts geholt, direkt aus der Gosse. Ich hab gleich gesehen, das ist , und als er mir erzählte, er wär in Oggsford gewesen, wußte ich, daß ich ihn brauchen konnte. Ich hab ihn dazu gebracht, in die American Legion einzutreten, wo er nachher ein ganz hohes Ansehen hatte. Gleich als erstes hat er für einen meiner Kunden oben in Albany was erledigt. Wir waren so dicke, in allem..." - er hielt zwei kurze Wurstfinger hoch -, "immer zusammen." (212)	
'What if I did tell him? That fellow had it coming to him. He threw dust into your eyes just like he did in Daisy's, but he was a tough one. He ran over Myrtle like you'd run over a dog and never even stopped his car." (142)	"Und was ist schon dabei, daß ich's ihm sagte? Dieser Bursche war ja sowieso erledigt. Er hat dir nur Sand in die Augen gestreut, ebenso wie er Daisy blauen Dunst vorgemacht hat, aber er war ein ganz Gerissener. Er hat Myrtle wie einen Hund überfahren und hielt dann nicht einmal an." (190)	"Ich hab's ihm gesagt - na und? . Er hat dir Sand in die Augen gestreut, genau wie Daisy, aber er war ein knallharter Bursche. Hat Myrtle überfahren wie einer Hund und nicht mal angehalten." (222)	
I thought of Gatsby's wonder when he first picked out the green light at the end of Daisy's dock. He had come a long way to this blue lawn, and his dream must have seemed so close that he could hardly fail to grasp it. He did not know that it was already behind him, somewhere back in that vast obscurity beyond the city, where the dark fields of the republic rolled on under the night. Gatsby believed in the green light, the orgastic future that year by year recedes before us. (143f)	mußte ich daran denken, was für ein Wunder es für Gatsby bedeutet haben mochte, als er zum ersten Male das grüne Licht an Daisys Landesteg erspähte. Er war weither an dieses blaue Gestade gekommen, und plötzlich schien ihm sein Traum so nahe gerückt, daß er nur zuzugreifen brauchte. Aber er wußte nicht, daß der Traum längst hinter ihm lag, weit zurück in dem unermeßlichen Dunkel jenseits der großen Stadt, wo die schwarzen Gefilde der Staaten unter nächtlichem Himmel wogten. Gatsby glaubte an das grüne Licht, an die rauschende Zukunft, die Jahr um Jahr vor uns zurückweicht. (192)	dachte ich daran, welches Wunder es für Gatsby bedeutet haben mußte, als er zum ersten Mal das grüne Licht am Ende von Daisys Steg erblickte. Er hatte einen weiten Weg bis zu diesem blauen Rasen zurückgelegt, und sein Traum muß ihm zum Greifen nah erschienen sein. Er wußte nicht, daß der Traum bereits hinter ihm lag, irgendwo in jener unermeßlichen Finsternis jenseits der Stadt, wo die dunklen Felder des Landes unter dem Nachthimmel wogten. Gatsby glaubte an das grüne Licht, die wundervolle Zukunft, die Jahr für Jahr vor uns zurückweicht. (224)